Claude Weill

Das ganze Spektrum

Betrachtungen über die Liebe – ein Essay

Publishing Partners

Claude Weill

Das ganze Spektrum

Betrachtungen über die Liebe – ein Essay

ISBN 978-3-907147-27-6

1. Auflage, September 2022

Cover-Foto: Michèle Gysin
Korrektorat: Marlis Boeschenstein
Satz: Adobe InDesign im Verlag
Druck und Vertrieb: Books on Demand, Norderstedt
Herstellung und Verlag: Publishing Partners, Biel-Bienne

Claude Weill

Das ganze Spektrum

Betrachtungen über die Liebe – ein Essay

Inhalt

Die Vorstellung von Liebe steht der Liebe im Weg
(Graffito auf einem Bauzaun in Zürich)

Was es ist

Es ist Unsinn
  sagt die Vernunft
Es ist was es ist
  sagt die Liebe
Es ist Unglück
  sagt die Berechnung
Es ist nichts als Schmerz
  sagt die Angst
Es ist aussichtslos
  sagt die Einsicht
Es ist was es ist
  sagt die Liebe
Es ist lächerlich
  sagt der Stolz
Es ist leichtsinnig
  sagt die Vorsicht
Es ist unmöglich
  sagt die Erfahrung
Es ist was es ist
  sagt die Liebe

(Erich Fried)

Versuch einer Annäherung

Betrachtungen über die Liebe. Das hatten wir doch schon! Wenn ich «Liebe und Sachbücher» google, erscheinen 7,84 Millionen Ergebnisse; für «Liebe und Essays» gibt es 8,88 Millionen Fundstellen. Weshalb also noch ein Buch über ein Thema, dem mit noch so vielen Beschreibungen, Erfahrungsberichten, Analysen, philosophischen und religiösen Definitionsversuchen anscheinend nicht beizukommen ist? Der verstorbene Schweizer Therapeut und Philosoph Manuel Schoch soll einmal gesagt haben: «Über die Liebe etwas aussagen zu wollen, ist anmaßend. Liebe kann nur erfahren werden.» Im Herzen und durch die eigenen und die Handlungen anderer Menschen, ließe sich anfügen. Sich über die Liebe auslassen birgt die Gefahr, dass man sie verklärt und verabsolutiert. Denn, wie es im Buddhismus heißt: Die Liebe muss sich auf dem Marktplatz des Lebens bewähren, muss in Beziehungen zu Menschen immer wieder auf die Probe gestellt werden können. Es gehört zu den schmerzhafteren Erfahrungen im Leben, dass man an der Liebe immer wieder scheitert. Meist liegt es daran, dass wir die Liebe bei jemand anderem zu finden hoffen, statt aus der Liebe heraus in die Begegnung zu gehen. Es sind meist nur Momente, in denen wir uns in diesem Seinszustand wiederfinden. Ihn immer wieder einmal erfahren zu dürfen, erlebe ich als großes Geschenk. Umgekehrt bewahrt mich hoffentlich mein Ringen mit der Liebe auf dem Marktplatz des Lebens davor, sie allzu stark zu idealisieren und zu verklären.

Dieses Wechselspiel zwischen ersehnter und lebbarer Liebe möchte ich auf den folgenden Seiten sichtbar machen. Es sind naturgemäß sehr persönliche Reflexionen darüber, wie mir die Liebe in meinem Leben begegnet ist. In so vielen Spielarten, dass ich immer wieder (immer noch) staune, wo die Liebe überall hinfällt und welch vielfältige Formen sie annehmen kann. In meiner Wahrnehmung hat sich mein Liebesleben über die Jahre ausdifferenziert – oder ausgefächert, um ein anschaulicheres Bild zu nehmen. In jeder Lebensphase sind «Liebesgattungen» hinzugekommen, welche ich bislang noch nicht kannte.

Wie weit dies mein persönliches Verdienst ist, sei dahingestellt. Erich Fromm hat in seinem Werk *Die Kunst des Liebens* geschrieben:

«Der erste Schritt auf diesem Wege ist, sich klarzumachen, dass Lieben eine Kunst ist, genauso wie Leben eine Kunst ist; wenn wir lernen wollen zu lieben, müssen wir genauso vorgehen, wie wir das tun würden, wenn wir irgendeine andere Kunst, zum Beispiel Musik, Malerei, das Tischlerhandwerk oder die Kunst der Medizin oder der Technik erlernen wollten.»[1] Für mich tönt das etwas zu mechanistisch. Die «Kunst des Liebens» würde für mich eher darin bestehen, ein Bewusstsein dafür zu entwickeln, dass es in einem Leben Platz hat für viele und sehr verschiedene Formen der Liebe. Alle haben ihre Berechtigung, ihre Entstehungsgeschichte und einen Zeitpunkt, zu welchem sie in einem Leben wichtig werden. Es gäbe dann keine Rangordnung, welche Art der Liebe «wertvoller», «tiefer», «authentischer» oder «gehaltvoller» sei. Jede Spielform der Liebe sollte Platz haben.

Dass es dabei nicht ohne Üben geht, darin stimme ich mit Erich Fromm überein. Üben im Sinne von sich einlassen, ausprobieren, Fehler machen, aus den Fehlern etwas lernen oder auch nicht. All das bewusst tun, sein liebes Leben lang. Höchstwahrscheinlich wird man irgendwann feststellen, dass es Arten der Liebe gibt, die einem mehr liegen. An anderen Formen arbeitet man sich sein ganzes Leben ab. Ich für meinen Teil habe zum Beispiel relativ früh in meinem Leben realisiert, dass mir die Rolle des Seelenfreundes und Lebensbegleiters leichter fällt als jene des Partners. Trotzdem musste ich über 45 werden, bis ich den Mut fand, meine Paarbeziehung mit L. zu beenden und daraus eine geschwisterliche Beziehung werden zu lassen – was nur möglich war, weil meine Partnerin dazu Hand bot.

Welche Formen der Liebe sich in einem Leben manifestieren, ist von zahlreichen Faktoren abhängig. Von den Genen ebenso wie von frühkindlichen Prägungen wie Bindungssicherheit bzw. -unsicherheit, frühen Verlusten oder Verlustängsten in der Kindheit, positiven wie negativen Erfahrungen mit Mitmenschen und wichtigen Beziehungspersonen im weiteren Leben, aber auch von spirituellen und religiösen Erfahrungen. Wenn ich also eine Auslegeordnung meiner spezifischen Möglichkeiten, «in die Liebe zu kommen», vornehme, tue ich dies im Wissen um diesen Hintergrund, diese per-

[1] Erich Fromm, Die Kunst des Liebens

sönlichen und überpersönlichen Bedingtheiten, denen ich als Chronist meiner Liebesgeschichte unterworfen bin. Es wäre nicht in meinem Sinn, wenn meine Betrachtungen über die Liebe zur bloßen Nabelschau geraten würden. Persönlich, ja – aber immer reflektiert und (hoffentlich) genügend selbstkritisch würde ich mir meine Liebesbetrachtungen wünschen. Ähnlich, wie wenn ich als Journalist, der ich ja lange war, mit mir selbst ein Interview geführt hätte.

Ein differenzierter Blick auf die Liebe also. Weiß ich jetzt, was meine Liebeserfahrungen ausmacht, aus welchem Stoff sie sind, ich bin? Wie es Erich Fried in seinem eingangs zitierten Gedicht so treffend beschreibt, lässt sich die Liebe nicht gerne einfangen, in Kästchen stecken und festmachen. Sie entzieht sich allen Kategorien unseres Verstandes. Wie ein Mandala enthält sie aber auch unzählige, für sich stehende Einzelteile. So gesehen kann es nicht falsch sein, wenn ich mein eigenes Liebes-Mandala anfertige. Im Hinterkopf behalte ich das Bild von den buddhistischen Mönchen mit ihren Mandalas aus Sand. Nachdem sie das farbenprächtige Kunstwerk mit akribischer Sorgfalt hergestellt haben, zerstören es die Mönche und leeren den Sand in den Fluss.

Erste Liebe

Ich bin vielleicht vier Jahre alt und sitze mit meiner Mutter am Küchentisch. Wir sind in ein Gespräch vertieft über etwas, das nur uns zwei betrifft. Ich fühle mich meiner Mutter sehr nahe. Es ist meine erste Erinnerung an ein Gefühl von Liebe, das mich mit jemandem, meiner Mutter, verbindet.

*

Ich kann nicht einschlafen und darf ausnahmsweise zu meiner Mutter ins Bett. Dort fühle ich mich sofort geborgen und aufgehoben, angeschmiegt an sie spüre ich die Weichheit ihres Seidennachthemds und kann ihre Seife riechen.

*

Zürcher Sechseläuten 1954. Mein Großvater nimmt mich auf dem Paradeplatz an beiden Händen und schwingt mich hoch in die Luft. Ein Fotograf hält die Szene fest: der Großvater und sein lachender

Enkel. Das Foto hängt noch lange Zeit im Schaufenster eines Fotogeschäfts an der Bahnhofstraße.

*

Meine Großmutter spielt mit mir das Brettspiel Mühle, oder Nünistei (neun Steine), wie es im Schweizerdeutschen genannt wird. Sie lässt mich gewinnen. Als ich dann besser bin als sie, bin ich weniger großherzig. Zu groß ist das triumphale Gefühl des Neunjährigen, seine Oma besiegt zu haben.

*

Wie jeden Silvester hat meine Mutter Canapés gemacht, mit Ei oder Lachs oder Kräuterquark belegte Toastbrotscheiben. Wir sitzen im Wohnzimmer und verfolgen am Radio – wir hatten in den 50er-Jahren des letzten Jahrhunderts noch lange keinen Fernsehapparat – das Festprogramm. Um 24 Uhr öffnet meine Mutter das Fenster, und wir hören zusammen, wie das alte Jahr ausläutet und das neue eingeläutet wird. Ich fühle mich meiner Mutter nahe.

*

Es ist der 22. November 1963. Meine Mutter und ich hören Radio Beromünster, die offizielle und einzige Schweizer Radiostation damals. Plötzlich wird die Sendung unterbrochen, und ein Sprecher sagt mit belegter Stimme (an die genauen Worte kann ich mich nicht mehr erinnern): «Wir unterbrechen die Sendung, um eine traurige Mitteilung zu machen: Präsident John F. Kennedy ist in Dallas, Texas, erschossen worden.» Beide, meine Mutter und ich, brechen in Tränen aus. Ich bin 13 und habe soeben ein Vatervorbild verloren.

Liebe, Ungenügen, Scham und Schuld

Schon früh in meinem Leben habe ich erkennen müssen, dass die Gunst und Liebe der Frauen verdient werden muss. Zuallererst und für lange Zeit von meiner Mutter. War ich brav, war sie lieb zu mir; tat ich nicht, was sie wollte, folgte der mütterliche Liebesentzug auf dem Fuß, und ich schämte mich, dass ich ihr nicht gehorcht hatte. Ich bin vier oder fünf Jahre alt und bete jeden Abend vor dem Schlafengehen: «Lieber Gott, mach, dass ich nicht mehr so böse zu Mami bin.» Liebe, Ungenügen, Scham und Schuld, dieses «Viergestirn» hat mich viele Jahre begleitet – und tut es in geringerem Maß noch heute. Scham und Schuld haben es mir in meinem Beziehungsleben schwer gemacht, stabile Liebesbeziehungen einzugehen. Wie oft war ich von der nagenden Gewissheit erfüllt, die jeweilige Partnerin zu wenig zu lieben, ihr zu wenig geben zu können, ihr etwas vorzuenthalten. Und umgekehrt bin ich oft an Frauen geraten, die mir in meinem Empfinden etwas vorenthielten. Die schwer zugänglich waren, mit ihren eigenen Traumata zu kämpfen hatten, die mich in meinen Annäherungsversuchen auflaufen ließen, die ihre Sinnlichkeit und Hingabe mit einem kontrollierenden Verstand in Schach gehalten haben. Meine «Aufgabe» war es dann immer, diese weiblichen Schutzmauern wenigstens für Augenblicke zum Einstürzen zu bringen (wie ich es wohl seinerzeit bei meiner Mutter tun musste). Es hat viele Beziehungen und Beziehungsabbrüche gebraucht, bis ich den Menschen fand, mit dem ich dieses «gegenseitige Defizit in der Liebe» auflösen konnte.

Bedingungslose Liebe

Meine Großmutter habe ich meine ganze Kindheit hindurch nie anders als mir liebevoll zugewandt erlebt. Ihre Liebe musste ich mir nicht verdienen. In ihrer Gegenwart fühlte ich mich geliebt und umhegt. Den Schmerz über den Verlust ihres Sohnes – meines Vaters, der kurz nach meiner Geburt gestorben war – verwandelte meine Großmutter in Liebe zu ihrem Enkel. Auch ich hatte meine Oma, wie ich sie nannte, gern. Sie hat mir die Sicherheit in der

Liebe vermitteln können, die mir meine Mutter in ihrem Schmerz über den Tod meines Vaters so nicht geben konnte. Bei meiner Großmutter habe ich auch die schwarze Schokolade kennengelernt, Cailler war's – die mit den «Wellen». Im Geschmack war sie für mich etwas bitter, aber dafür kam sie von meiner Oma. Gerne pflegte sie mit ihrer weichen, warmen Hand meine Hand zu ergreifen. Das fand ich, als ich älter wurde und sie immer noch damit fortfuhr, ein bisschen peinlich. Denke ich heute an meine Großmutter, ist dieser zarte Händedruck das Band, welches sie und mich über ihren Tod hinaus verbindet. Ihr Philodendron steht noch immer in meinem Wohnzimmer und erinnert mich an sie. In schwierigen Zeiten ist es meistens sie, die ich um geistige Unterstützung bitte.

Frühe Liebeslügen

«Liebe Tante Adele, für das Marzipan zu meinem Geburtstag danke ich dir vielmals.» Wie viele solche Dankeschön-Postkarten habe ich als Kind auf Geheiß meiner Mutter schreiben müssen! Es dürften Dutzende gewesen sein. Die Anrede «liebe XY» stimmte für mich nie. Es war eine Floskel, welche ich aus mir unverständlichen Gründen übernehmen musste. Ich spürte intuitiv, dass das Wort «Liebe» die Beziehung zwischen mir und der angeschriebenen Person nicht zutreffend wiedergab, weil es nicht ehrlich gemeint war. Heute verwende ich die Anrede «Lieber Herr X» oder «Liebe Frau Y» nur dann, wenn unser Verhältnis so persönlich geworden ist, dass die unpersönlichen Anreden «Sehr geehrter Herr X» oder «Guten Tag Frau Y» deplatziert wären. Da habe ich offenbar etwas gelernt.

Dancing cheek to cheek

Zu meiner Bar Mitzwa (jüdische Konfirmation) bekam ich einen Plattenspieler geschenkt. 1963 war das Jahr der Beatles, und «She loves you» war am Radio omnipräsent. Ich liebte diesen Song, versuchte ihn auf der Gitarre zu spielen und kaufte mir umgehend die Single-Schallplatte. Meine musikalische Mutter, mit der ich in diesen Jahren der Pubertät oft und heftig stritt, teilte meine Begeisterung für die Pilzköpfe. Das schuf zwischen uns inmitten der häufigen Auseinandersetzungen eine Vertrautheit, die ich wohltuend fand. Ich war irgendwie stolz, eine so moderne Mutter zu haben. Etwas anders war es, wenn wir zusammen im Hotel S. in Davos Ferien machten. Kaum angekommen, setzte sich meine Mutter an den Flügel im Speisesaal und spielte – nota bene: ohne die Hoteldirektion um Erlaubnis zu fragen – Evergreens. Ich schwankte zwischen Bewunderung und der Angst, dass die Leute meine Mutter und mich komisch finden könnten.

Nach ihrem Tod suchte ich für sie bei einer befreundeten Bildhauerin einen Grabstein aus. Ich musste keine Sekunde überlegen, um K. den Auftrag zu erteilen, als Inschrift auf den Stein die ersten Takte bzw. Noten von Louis Armstrongs «Dancing cheek to cheek» einzugravieren. Meine Mutter hatte das Stück geliebt und immer und immer wieder gespielt.

Dancing cheek to cheek

Heaven, I'm in heaven
And my heart beats so that I can hardly speak
And I seem to find the happiness I seek
When we're out together dancing cheek to cheek

It's Heaven, I'm in heaven
And the cares that hung around me through the week
Seems to vanish like a gambler's lucky streak
When we're out together dancing cheek to cheek

Oh, I'd love to climb a mountain
And reach the highest peak
But it doesn't thrill me half as much
As dancing cheek to cheek

Oh, I'd love to go out fishing
In a river or a creek
But I don't enjoy it half as much
As dancing cheek to cheek

Now Mamma, dance with me
I want my arms about you
The charms about you
Will carry me through to heaven

It's Heaven, I'm in heaven
And my heart beats so that I can hardly speak
And I seem to find the happiness I seek
When we're out together dancing cheek to cheek

(Louis Armstrong)

Ewige Liebe

Die deutschen Schlager, französischen Chansons und englischen oder amerikanischen Songs meiner Jugend und jungen Erwachsenenjahre waren eine endlose Wiederholung von Liebesbeteuerungen: «Unsere Liebe wird ewig dauern», «Toujours je t'aime», «Forever in Love». Ich kann nicht behaupten, dass mich «Je t'aime...moi non plus» von Serge Gainsbourg und Jane Birkin kalt gelassen hätte. Das Rührstück löste bei mir die ersten heftigen Liebessehnsüchte aus. Andererseits wusste ich mit den Liedtexten wenig anzufangen, weil ich die in ihnen besungene Liebe nicht wirklich in Verbindung bringen konnte mit meiner Verliebtheit für die unerreichbare Verena in der Klasse oder sonst ein Mädchen, das mir gefiel. Die Liebesempfindungen, welche ich für meine ersten Freundinnen hegte, hätten denn auch den «Liebst-du-mich-wirklich-für-immer-Test» nicht bestanden. Meine Liebesgefühle waren viel zu großen Schwankungen unterworfen. Nie im Leben hätte ich das magische «Ich liebe dich» über die Lippen gebracht. Das hätte nur Stunden später nicht mehr gestimmt. Diese Unfähigkeit, «auf ewig» zu lieben, hat mich zutiefst bedrückt. Weshalb wussten alle, wie man liebt, und nur ich nicht?

Je t'aime... moi non plus

Je t'aime
oh, oui je t'aime!
moi non plus
oh, mon amour...
comme la vague irrésolue
je vais, je vais et je viens
entre tes reins
et je me retiens

je t'aime, je t'aime
oh, oui je t'aime !
moi non plus
oh, mon amour...
tu es la vague, moi l'île nue
tu va, tu va et tu viens
entre mes reins
et je te rejoins

(Serge Gainsbourg, Jane Birkin)

Herz und Libido im Clinch

Kurz nach meinem zwanzigsten Geburtstag hatte ich zum ersten Mal mit einer Frau Sex. Ich musste dabei die Erfahrung machen, dass sich meine Gefühle von Zuneigung und Zärtlichkeit einerseits und meine sexuelle Erregung andererseits im Wege standen. Ich hatte A. in einer Diskothek kennengelernt, und sie wollte unbedingt mein neues Domizil – ich war eben von zu Hause ausgezogen – sehen. In meinem möblierten Zimmer an der Zürcher Weststraße angekommen, wünschte meine Begleiterin zur Einstimmung etwas «schöne» Musik. Ich glaube, ich legte «Suzanne» von Leonard Cohen auf – mit dem Resultat, dass meine Libido unter dem Ansturm bislang in dieser Art nie erlebter zärtlichen Gefühle für mein Gegenüber zusammenbrach, und wir an diesem Abend nicht miteinander schliefen. A. blieb aber über Nacht bei mir. Als ich am nächsten Tag mit meiner morgendlichen Erektion erwachte, war ich zum Sex bereit. Nur hatten sich jetzt jegliche Liebesgefühle verflüchtigt. Ich kann mich nicht mehr daran erinnern, wie der Sex mit A. war. Nie vergessen habe ich jedoch die Leere in mir nach dem Akt. Meine zärtlichen Gefühle vom Vorabend waren wie weggeblasen, wortlos und voller Scham für das Verschwinden der Liebe ließ ich meine Eroberung ziehen. Es hat fast mein ganzes Liebesleben gedauert, bis Herz und Libido zusammengefunden haben. Mir dies einzugestehen, fällt mir nicht leicht. Heute kann ich das eine nicht mehr vom anderen trennen, und wenn ich es doch einmal tue, merke ich es schnell. Ich bin froh darüber. Vielleicht hilft mir ja mein Älterwerden. Wir Männer sind im Alter nicht mehr derart stark von Testosteron gesteuert, das weibliche Östrogen übernimmt nach und nach die Führung.

Suzanne

Suzanne takes you down to her place near the river
You can hear the boats go by
You can spend the night beside her
And you know that she's half crazy
But that's why you want to be there
And she feeds you tea and oranges
That come all the way from China
And just when you mean to tell her
That you have no love to give her
Then she gets you on her wavelength
And she lets the river answer
That you've always been her lover
And you want to travel with her
And you want to travel blind
And you know that she will trust you
For you've touched her perfect body with your mind.
And Jesus was a sailor
When he walked upon the water
And he spent a long time watching
From his lonely wooden tower
And when he knew for certain
Only drowning men could see him
He said «All men will be sailors then
Until the sea shall free them»
But he himself was broken
Long before the sky would open
Forsaken, almost human
He sank beneath your wisdom like a stone
And you want to travel with him
And you want to travel blind
And you think maybe you'll trust him
For he's touched your perfect body with his mind.

Now Suzanne takes your hand
And she leads you to the river
She is wearing rags and feathers

From Salvation Army counters
And the sun pours down like honey
On our lady of the harbour
And she shows you where to look
Among the garbage and the flowers
There are heroes in the seaweed
There are children in the morning
They are leaning out for love
And they will lean that way forever
While Suzanne holds the mirror
And you want to travel with her
And you want to travel blind
And you know that you can trust her
For she's touched your perfect body with her mind.

(Leonard Cohen)

Essen, Liebe machen

Dass Liebe und Essen etwas miteinander zu tun haben, lernte ich von G., meiner ersten festen Freundin. Wir verbrachten jeweils das Wochenende vom Samstag bis Sonntagabend bei ihr auf dem Land, in der Nähe von Baden. Es war immer das gleiche Ritual. Am Samstagabend unternahmen wir etwas, besuchten ein Konzert oder sahen uns einen Film an. Danach gingen wir zu ihr, liebten uns und schliefen am nächsten Morgen aus. Dann stand meine Freundin auf und bereitete das Mittagessen. Ich durfte noch liegen bleiben, helfen ließ sie sich nicht. G. stammte aus einer gutbürgerlichen Familie und so kochte sie auch: währschaft, reichlich und stets mit einem kalorienreichen Dessert. Nach dem Essen schlüpften wir wieder ins Bett und liebten uns aufs Neue. G. war nach dem Essen immer besonders zärtlich. Später hat sie mich, den flippigen Studenten, für einen solideren Partner verlassen. Ich bin mir sicher, dass sie ihr sonntägliches Koch- und Essritual auch mit meinem Nachfolger zelebriert hat. Die sinnliche Verbindung von Essen und Sexualität habe ich einige Jahre später mit einer anderen Freundin erneut erlebt. T. servierte immer Tellerservice, und sie arrangierte das Essen derart kunstvoll und verführerisch, dass es keine aphrodisiatischen Zugaben brauchte, um die Libido zu wecken. Nicht erotisch, aber intim und liebevoll waren die Mittagessen mit meiner Großmutter. Zwischen zwanzig und dreißig besuchte ich sie jede Woche zum Mittagessen. Sie kochte stets mein Lieblingsmenu: Entrecôte, gut durch. Dazu Bohnen und Bratkartoffeln. Zum Dessert Vanillepudding mit kandierten Früchten. Ganz klar: Ich liebte meine Großmutter auch wegen ihren Kochkünsten.

Mich selber lieben

Möge ich mich selbst schätzen, wie ich bin.
Möge ich meinen Wert und mein Wohlbefinden fühlen.
Möge ich Vertrauen in die Welt setzen.
Möge ich mich voller Mitgefühl umfangen.
Möge ich dem Leiden und der Unwissenheit anderer mit
Mitgefühl begegnen.
(Jack Kornfield) [2]

Ich habe mich in der Pubertät und als junger Erwachsener nicht wohl in meiner Haut gefühlt. Zu vieles an mir akzeptierte ich nicht. Mein Aussehen, mein Unvermögen, Frauen kennenzulernen, die schwierige Beziehung zu meiner Mutter. Mit 22 begann ich eine Gesprächstherapie, der erste Schritt hin zu mehr Selbstakzeptanz. Mithilfe meines Therapeuten entwickelte ich nach und nach ein gewisses Einfühlungsvermögen für mich und meine Nöte. In den Therapiestunden erlebte ich Momente, in denen ich Wertschätzung für mich aufbrachte, weil ich sie selbst erfuhr. Selbstliebe ist ein fragiles Gut, eine Aufgabe fürs Leben. Ohne Selbstakzeptanz und Selbstliebe ist keine Liebe zu anderen möglich. Religionen wie das Christentum und das Judentum, Weisheitslehren wie der Buddhismus haben dies lange vor der Psychologie gewusst. Wenn man jung ist und die Hormone verrücktspielen, will man das selbstverständlich nicht hören. So oft bin ich aus einem Defizit heraus Liebesbezie-

[2] Jack Kornfield, Das weise Herz, S. 434

hungen eingegangen – aus dem nicht eingestandenen Wunsch, die Partnerin möge mir die Liebe angedeihen lassen, welche ich mir selber nur in der kurzen Phase der Verliebtheit geben konnte. Wenn man verliebt und berauscht ist, liebt man ja nicht nur den anderen, sondern auch sich selbst und die ganze Welt. In der Selbstliebe liebt man dann meist nur die idealen Seiten, die der andere in einem hervorhebt.

Bei mir dauerte diese «Selbstverliebtheit» jeweils nur kurz. Es ist ein tief sitzender Reflex, der mit dem Alter vielleicht schwächer wird, sich aber hartnäckig hält: Das Gegenüber soll bewerkstelligen, was mir selber nicht gelingen will: mich von meinem Alleinsein erlösen, mich (wieder) vollständig machen. Deshalb sind (freiwillige oder erzwungene) Beziehungspausen eine Chance, mehr bei sich zu sein, ohne dauernde Bestätigung durch eine Partnerin oder einen Partner. Mir persönlich ist das selten gelungen; ich habe stets schnell versucht, die Liebe wieder im Außen zu finden, indem ich mich verliebte. Sich selbst «mit liebender Güte» begegnen können, wie es der buddhistische Weisheitslehrer Jack Kornfield postuliert, ist etwas vom Schwierigsten überhaupt. Weil es einem niemand beigebracht hat, muss man es selber mühsam lernen. Ein spiritueller Lehrer hat einmal gesagt: «Sich selbst lieben zu können, ist eine Frucht der Reife – es braucht Zeit.» Ich habe mir mit den Jahren Strategien und Techniken angeeignet, um mir selber liebevoller zu begegnen. Helfen kann zum Beispiel, wenn man sich immer wieder einmal vorstellt, man sei fünf oder sechs Jahre alt und wolle in den Arm genommen werden. Mein erwachsenes Ich umarmt dann in der Vorstellung mein inneres Kind.

Auch mit Selbstliebe-Ritualen aus dem Tantra oder der Traumatherapie kann ich mir Gutes tun. Ein paar Mal am Tag mit den Händen kreuzweise über die Schultern fahren, über Arme, Hände und das Gesicht streichen. Das ist eine liebevolle Zuwendung, die sich jeder und jede geben kann. Für mich mit zunehmendem Alter immer wichtiger: liebevoll mit mir umgehen, mich nicht für Unzulänglichkeiten verurteilen und abwerten. Geduldig mit mir sein, wenn ich etwas nicht mehr so rasch hinbekomme. Durchatmen statt mich aufregen, wenn ich das Portemonnaie in der Wohnung vergessen habe und es erst an der Kasse bei Coop bemerke. Die besten Übungssituationen für die Selbstliebe sind gerade die Momente des Versagens, Misslingens und Scheiterns.

Wer zudem eine jüdische Herkunft hat wie ich, tut sich mit Selbstliebe besonders schwer. Als jüdischer Sohn kann man es nicht nur seiner Mutter nie recht machen, sondern der ganzen «Mischpoke» (Familie, jüdische Gemeinschaft) nicht. Ein jüdischer Witz geht so: Ein junger Mann besucht am Freitagabend, zum Sabbatbeginn, seine Mutter. Sie will ihm eine Freude machen und schenkt ihm zwei Hemden, das eine kariert, das andere mit Streifenmuster. Der Sohn bedankt sich und zieht beim nächsten Besuch sein gestreiftes Hemd an. Die Mutter öffnet die Wohnungstüre, und das erste, was sie sagt, ist: «Weshalb hast du nicht das karierte Hemd angezogen?» Die den Juden eigene Fähigkeit, über sich selber lachen zu können (nichts anderes ist der «jüdische Humor»), garantiert auch in schwierigen Zeiten, dass die Selbstakzeptanz nicht ganz verloren geht.

Eine schwierige Liebe

Die Liebe geht manchmal seltsame Wege. Ich kann nicht sagen, ich hätte außer als Kind meine Mutter geliebt. Zu fremd waren wir uns, ein tiefes «Ich-kann-dich-so-wie-du-bist-nicht-akzeptieren» stand meist zwischen uns. Ihre starken Gefühlsschwankungen überforderten mich; ich wusste nie, wie lange ihre gute Stimmung anhalten würde. In einem Moment war sie traurig und deprimiert, war zornig und verfluchte mich; dann konnte sie unvermittelt wieder lachen und war gutgelaunt und liebevoll – ähnlich wie ein Kind. Als ich in die Pubertät kam, hielt ich ihr gnadenlos vor, wie wechselhaft sie in ihren Gefühlen mir gegenüber war – und dass sie sich in jedem zweiten Satz widersprach. Ich war definitiv kein liebevoller Sohn. Erst nach ihrem Tod realisierte ich, wie viel ich von ihrer Sprunghaftigkeit übernommen habe, wie inkonsequent und widersprüchlich ich selber oft im Leben war und bin. In Anbetracht dessen konnte ich ihr nicht mehr böse sein – mein Groll hätte sich ja gegen mich selber gerichtet. Die Versöhnung begann schon an ihrem Totenbett. Meine Mutter war in meiner Abwesenheit zu Hause gestorben und lag nun, bis die Bestattungsleute ihre

Leiche abholen würden, in ihrem Bett. Ich setzte mich zu ihr hin und sagte: «So, Mutter, jetzt musst du mir einmal zuhören.» Mein Monolog hat wohl über eine Stunde gedauert. Ohne Vorwürfe brachte ich alles zur Sprache, was zwischen uns gestanden hatte. Zwischendrin habe ich sogar ob der Komik der Situation lachen müssen. Zu Lebzeiten war sie es gewesen, die mich nicht zu Wort hatte kommen lassen.

Ich war 45, als meine Mutter starb. Nebst zwei Schränken voll mit Kleidern hinterließ sie mir zwei gebündelte und verschnürte Packen Briefe, die sie ganz hinten in einem der Kästen aufbewahrt hatte. Dass es Liebesbriefe sein mussten, von meiner Mutter an meinen Vater und von ihm an sie, sah ich anhand der Briefadressen. Durfte ich die Briefe lesen und Einblick in die intimsten Gedanken und Gefühle meiner Eltern erhalten? Nach anfänglichem Zögern gab ich mir einen Ruck und las die vierzig Briefe, welche sich meine Eltern in ihrer anderthalbjährigen Verlobungszeit geschrieben hatten. Für mich als Sohn war es gleichzeitig unglaublich und wundervoll, dass meine Mutter vor fünfzig Jahren eine liebende Frau gewesen war. Eine, die ihrem Verlobten glühende Liebesbriefe schrieb, voll mit erotischen Anspielungen. Ich saß da und dachte: «Wow, das hätte ich meiner Mutter nicht zugetraut.» Meine Hochachtung vor ihr kletterte in diesem Moment in ungeahnte Höhen.

Heute, bald dreißig Jahre nach ihrem Tod, empfinde ich gegenüber meiner Mutter große Dankbarkeit. Sie hat mir vorgelebt, wie man auch unter schwierigsten Bedingungen nicht aufgibt und weiterhin für jemand da sein kann. Nicht allein aus Pflichtgefühl, sondern – das kann ich jetzt sehen – aus Liebe zu mir, ist meine Mutter bei ihrem Sohn geblieben. Erst richtig klar geworden ist mir das zum Zeitpunkt, als meine Lebensgefährtin in ihre Depression fiel. Der erste Impuls war, davonzulaufen. Aber das konnte ich zu diesem Zeitpunkt nicht mehr. Meine Liebe zu ihr ließ es nicht zu.

Männliche Vor- und Feindbilder

Bis vierzig tat ich mich mit Männerfreundschaften schwer. Zu meinen Freunden aus der Schulzeit hatte ich, als ich mit dem Studium anfing, den Kontakt abgebrochen. Sie stiegen ins Berufsleben ein, heirateten, gründeten Familien. Das empfand ich, der in eine große Wohngemeinschaft zog, sein Geschichtsstudium aufnahm und sich politisch links positionierte, als «bürgerlich» und spießig. Neue Freundschaften mit Männern schloss ich aber keine. In den linken Basisgruppen, in denen ich mich bewegte, hatte man als Mann ein strikter «Homo politicus» zu sein und sich persönlich möglichst zu bedecken. Meine männlichen Vorbilder waren revolutionäre Exponenten der Neuen Linken wie Rudi Dutschke (mit dem ich in einer Zürcher Kneipe ein paar Worte wechseln durfte!) und der von uns Linken bewunderte Polithäftling und Schweizer «Ausbrecherkönig» Walter Stürm. Während des Studiums wurden Kult-Autoren wie Michel Foucault, Klaus Theweleit oder Hans-Peter Duerr (der Ethnologe, nicht der Physiker) zu meinen intellektuellen Vorbildern. Mit den Männern in den politischen Arbeitsgruppen verband mich nur die Politik, aber keine Freundschaft. Gemeinsam bekämpften wir den ungeliebten Vater Staat, die Polizei(-männer) und die Diktatoren jener Zeit (Franco, Pinochet, Marcos usw.). Rückblickend ist mir klar, dass nicht nur ich vaterlos aufwuchs, sondern viele meiner politischen Weggenossen abwesende Väter hatten. An ihnen rächten wir uns stellvertretend, wenn wir verbal auf die starken Männer jener Zeit eindroschen. Ich bereue mein politisches Engagement von damals keineswegs, es war notwendig und richtig in dieser Zeit. Die unpersönliche Atmosphäre in diesen Gruppen hat dann aber dazu geführt, dass ich mich irgendwann zurückzog.

Polizisten

Polizisten fahren stets zu zweit um dunkle Ecken durch die Nacht.
Polizisten müssen wissen
Wer bei Nacht was Kriminelles macht.
Polizisten müssen wissen
Was zu tun ist
Denn sie haben Funkverkehr.

Polizisten schießen
Wenn sie wissen
Daß sie müssen
Und aus Maschinengegenwehr.
Polizisten haben viele Pflichten
Eine Frau und zwei Kinder.
Sie haben Angst vor Terroristen
Denn sie ziehen oft nicht schnell genug.
Wenn sie von der Nachtschicht kommen, haben ihre Augen
  dunkle Ränder.
Sie rauchen «Milde Sorte»
Weil – das Leben ist doch hart genug
Tag und Nacht wird sie bei dir sein
Tag und Nacht wird sie bei dir sein – die Polizei.
Polizisten speichern
Was sie wissen
Elektronisch ein
Alles kann ja irgendwann und irgendwie mal wichtig sein.
Polizisten wissen
Was zu tun ist
Denn sie haben Funkverkehr.
Polizisten werden jeden Tag und jeden Monat immer mehr.
Wenn du abends Eiskrem essend von der Tanzstunde nach Hause
  gehst
Wenn du morgens mit der neuen «Bravo» an der Haltestelle stehst
Wenn du bei McDonald's in der Schlange deinen Kopf nach
  hinten drehst
Kannst du sie sehen
Du kannst sie sehen.
Tag und Nacht wird sie bei dir sein
Tag und Nacht wird sie bei dir sein – die Polizei.

(Extrabreit)

Seelenfreundinnen

Keine Freunde, aber in diesen Jahren des jungen Erwachsenenlebens stets mehrere Freundinnen, verwandte Seelen sie alle, mit denen ich tiefschürfende Gespräche führe. Ihnen offenbare ich meine empfindsamen Seiten, welche ich vor meinen Politfreunden verstecken muss. Bei meinen Freundinnen kann ich so sein, wie ich bin. In späteren Jahren finden sich unter diesen Seelenfreundinnen dann zusehends auch Frauen, mit denen ich zuvor eine (meist konflikthafte) Beziehung gelebt habe. Irgendwann hatten wir uns getrennt – nur um festzustellen, dass eine freundschaftliche Ebene für beide entspannter war. Damals ist mir zum ersten Mal aufgegangen, wie gut es sich anfühlt, sich einer Frau verbunden zu fühlen, ohne sexuell etwas von ihr zu wollen. Auch jetzt, wo ich älter werde, möchte ich meine diversen Seelenfreundinnen nicht missen. In den letzten Jahren sind gleich mehrere in mein Leben getreten. Sie werden mir – in dem Maß, wie (anstrengende) Liebesbeziehungen in den Hintergrund treten – im Alter immer wichtiger. Mit meinen Freundinnen erlebe ich mich im Einklang, verbunden, in meinem Wesen erkannt und akzeptiert, ohne dass daraus eine einengende partnerschaftliche Beziehung entstehen muss. Wenn mich jemand fragen würde, ob ich R. und K. und F. liebe, wäre die Antwort ein klares Ja.

Geistige Liebe

K. kenne ich seit über zwanzig Jahren. Sie ist mir eine liebe Freundin. Erst kürzlich ist mir aufgegangen, was ich an ihr so schätze: Es ist ihr Geist, ihre geistreiche Art, der Welt zu begegnen.

Man bezeichnet jemanden als «Schöne Seele» und meint damit einen Charakter- oder Menschentypus, bei dem die Affekte und die sittlichen Kräfte in einem harmonisch ausgeglichenen und damit auch als ästhetisch schön empfundenen Verhältnis stehen (Wikipedia).

Bei K. ist es ihr schöner Geist, den ich liebe. Er zeigt sich in einem praktischen Verstand, scharfem Urteilsvermögen, in Klugheit, Mutterwitz, Esprit und einer stupenden Fähigkeit, über sich selber lachen zu können, auch – oder gerade – in schwierigen Lebenssituationen. Diese letztere Eigenschaft teile ich mit K., sie ist wohl Anteil unserer gemeinsamen jüdischen Herkunft.

Wann ist Mann ein Mann?

Ich brauchte lange, um zu erkennen, dass Mann bei Mann in vielen Belangen besser aufgehoben ist als bei einem weiblichen Gegenüber. Ein Meister soll einmal gesagt haben: «Bei anderen Männern holst du dir die Kraft, welche du in der Beziehung zur Partnerin wieder verbrauchst.» Dass ich anders gespiegelt werde von einem Mann als von einer Frau, wurde mir erstmals bewusst, als ich meine Psychotherapie anfing. Mein Therapeut war der erste Mann in meinem Leben, der mir über eine lange Zeit ohne Unterbruch den Spiegel vorgehalten hat. Während dreier Jahre suchte ich ihn jede Woche zwei- bis dreimal auf. Wie stark unsere Beziehung war, merkte ich, als ich die Therapie beendete und wir uns – beide mit Tränen in den Augen – voneinander verabschiedeten. Eine ähnlich wichtige Rolle als Mentor und männliches Vorbild spielte Jahre später mein Coach W.K., der mir in einer beruflichen Krise beistand und mich für eine Festanstellung bei einer Zeitung fit machte. An ihm schätzte ich seine Selbstsicherheit, seine klaren Botschaften. Was zwischen mir und anderen Männern an Nähe, Vertrautheit, kraftvoller Bestätigung und gegenseitiger Unterstützung möglich ist, fand ich erst nach meinem fünfzigsten Geburtstag heraus. In den Männer-Workshops von P. S. erlebte ich meine verspätete Initiation, welche mir als vaterlos Aufgewachsener verwehrt gewesen war. Ein Erlebnis ist mir besonders in Erinnerung: Wir waren alle schon fix und fertig von den anstrengenden Übungen des Tages, als P. nach dem Nachtessen ankündigte, wir würden uns um 22 Uhr im Gruppenraum nochmals treffen. Dort war ein Boxring eingerichtet, rote Boxhandschuhe lagen bereit, und wir wurden vom Seminarleiter aufgefordert, einen Partner von ungefähr gleicher Größe und Statur auszuwählen. «Ihr boxt drei Runden, es gelten die bekannten Regeln, also keine Schläge unter die Gürtellinie.» Zusätzlich, instruierte uns P., sollten wir unseren Gegner mit allen uns zur Verfügung stehenden Kraftausdrücken beschimpfen. «Wenn ich den Gong schlage, umarmt ihr sofort eueren Kontrahenten.» Das hörte sich mehr als seltsam an für mich, aber es hat funktioniert: Nach drei Runden Boxen, in denen ich mich in eine zunehmende Wut auf meinen Gegner hineingesteigert hatte, löste sich meine Rage in der Umarmung innert Sekundenbruchteilen auf. Für mich und die meisten anderen Männer war die Erfahrung heilsam, dass auch starke Aggressionen ausgelebt werden können, ohne zerstörerisch zu sein. Für Außenstehende mag dies nach einer vierzig Jahre zu spät stattfindenden Mutprobe unter Pfadfindern aussehen. Nur dass ich eben in diesen Männergruppen zum ersten Mal in meinem Leben eine männliche Kraft kennengelernt habe, die nichts mit Macho-Gehabe und Muskelprotzen gemein hat. Unsere Seminarleiter vermittelten uns ein Männerbild, in dem neben männlich besetzten Eigenschaften wie Durchsetzungsvermögen und Gestaltungswille auch Qualitäten wie Mitgefühl, Fürsorglichkeit und Hilfsbereitschaft Platz haben – Charakteristika, die in der Regel eher Frauen zugeschrieben werden. Sie zählen aber nach C.G. Jung zu den menschlichen Archetypen. So ist es nur folgerichtig, dass wir Männer damals auch mit unseren eigenen weiblichen Anteilen konfrontiert wurden.

Auch mit den Männern meiner Männergesprächsgruppe, der ich über zwanzig Jahre angehörte, entwickelte sich ein Vertrauen, welches ich mir in meinen jungen Jahren so nie hätte vorstellen können. Eine Freundschaft zu einzelnen von ihnen entwickelte sich dennoch nie. Die Männer waren wichtig in meinem Leben, vertraut mit meinen geheimsten Gedanken und Fantasien, aber eben nur im ritualisierten und geschützten Rahmen der Gruppe – am ehesten vielleicht vergleichbar mit einer Bruderschaft. Heute, zwanzig Jahre nach dem nächtlichen Boxkampf bei P.S., hat die Identifikation als Mann für mich an Wichtigkeit und Dringlichkeit verloren. Ich fühle mich jetzt öfter nur noch als menschliches Wesen mit männlichen und weiblichen Anteilen. Das erlebe ich als sehr befreiend. Der Schweizer Theologe und Männergruppenleiter Christoph Walser bringt es auf den Punkt, wenn er sagt: «Entwickle alle deine Begabungen und Aspekte, ohne sie männlichen oder weiblichen Attributen zuordnen zu wollen. Das ist das beste Rezept gegen Machismo und Intoleranz.»

Männer

Männer nehmen in den Arm,
Männer geben Geborgenheit.
Männer weinen heimlich,
Männer brauchen viel Zärtlichkeit und
Männer sind so verletzlich.
Männer sind auf dieser Welt einfach unersetzlich.

Männer kaufen Frauen,
Männer stehen ständig unter Strom.
Männer baggern wie blöde,
Männer lügen am Telefon.
Männer sind allzeit bereit.
Männer bestechen durch ihr Geld und ihre Lässigkeit.

Männer haben's schwer, nehmen's leicht,
Außen hart und innen ganz weich,
Werden als Kind schon auf Mann geeicht.
Wann ist der Mann ein Mann?

Wann ist der Mann ein Mann?
Wann ist der Mann ein Mann?

Männer haben Muskeln,
Männer sind furchtbar stark.
Männer können alles,
Männer kriegen 'nen Herzinfarkt und
Männer sind einsame Streiter,
Müssen durch jede Wand, müssen immer weiter.

Männer haben's schwer, nehmen's leicht,
Außen hart und innen ganz weich,
Werden als Kind schon auf Mann geeicht.
Wann ist der Mann ein Mann?
Wann ist der Mann ein Mann?
Männer führen Kriege,

Männer sind schon als Baby blau,
Männer rauchen Pfeife,
Männer sind furchtbar schlau,
Männer bauen Raketen,
Männer machen alles, ganz, ganz genau.

Wann ist der Mann ein Mann?
Wann ist der Mann ein Mann?

Männer kriegen keine Kinder,
Männer kriegen dünnes Haar.
Männer sind auch Menschen,
Männer sind etwas sonderbar und
Männer sind so verletzlich,
Männer sind auf dieser Welt einfach unersetzlich.

Männer haben's schwer, nehmen's leicht,
Außen hart und innen ganz weich.
Werden als Kind schon auf Mann geeicht.
Wann ist der Mann ein Mann?
Wann ist der Mann ein Mann?
Wann ist der Mann ein Mann?
Wann ist man ein Mann?
Wann ist man ein Mann?

(Herbert Grönemeyer)

Freundesliebe

«Die Liebe eines vernünftigen Freundes ist der untrüglichste Lobspruch für unser Herz, und seine Hochachtung gleichsam das Siegel unserer Rechtschaffenheit. Er stärkt durch sein Vertrauen meine Aufrichtigkeit, verschönert seine Absichten durch die seinigen, tritt uneigennützig in meine Umstände, unterstützt mich in meinen Unternehmungen durch Rath und Beyfall, ruft mich gütig von Irrthume und Fehltritten zurück, ermahnet mich durch sein edles Beyspiel, erbittet mir gutes von Gott, ist der Nächste bey mir in den Unfällen, wie er der Empfindlichste bey meinem Glücke war.»
(Christian Fürchtegott Gellert 1715–1769) [3]

In meinem Leben gibt es drei Freunde, mit denen ich mich regelmäßig treffe. Zwei von ihnen kenne ich seit 25, den dritten sogar schon seit 45 Jahren. Zwei weitere gute Freunde sind bereits gestorben. Ich habe es immer schön gefunden, dass mir meine Freunde verschiedene Aspekte meiner Persönlichkeit spiegeln. Wenn ich es recht bedenke, sind sie meine Brüder, die ich als Einzelkind nie hatte. Vielleicht kann ich mich deshalb so gut mit ihnen über die existenziellen Dinge im Leben unterhalten. Bei V., der vor einigen Jahren an Krebs erkrankte, ging es in den letzten Monaten seines Lebens ja wirklich um die Existenz. Ich habe ihn bis kurz vor seinem Tod begleitet und fragte ihn beim letzten Besuch, als klar war, dass wir uns nicht mehr sehen würden: «Bist du zufrieden mit deinem Leben?» V. hat gelächelt und genickt. Dann habe ich mich verabschiedet und ihm eine gute Reise gewünscht. V. war aus meiner Sicht der Wagemutigere, «Verrücktere» von uns beiden, weniger zu Kompromissen bereit als ich. Aber das tat unserer Freundschaft keinen Abbruch. Ich glaube, V. bewunderte mich ebenso sehr wie ich ihn.

R. sehe ich am regelmäßigsten von meinen Freunden. Wir steckten beide in einer Beziehungskrise, als wir uns kennenlernten. Sie lieferte den Stoff für viele Gespräche. Irgendwann kamen wir überein, dass wir uns alternierend einmal in der Woche bei mir und bei R. zum Mittagessen treffen könnten. Das tun wir mittlerweile seit über zwanzig Jahren. Wir erzählen uns, was wir unter der Woche

[3] Christian Fürchtegott Gellert zitiert in Eckhardt Meyer-Krentler, S. 35

erlebt haben. Wer uns zuhörte, könnte den Eindruck gewinnen, hier fände eine Intervision statt – eine kollegiale Beratung zwischen beruflich Gleichgestellten. Vor Jahren haben wir das Ritual eingeführt, dass wir uns in der dunklen Jahreszeit jeweils Blumen mitbringen. Seit kurzem empfängt mich R. jeweils mit einem Begrüßungslied, das er am Klavier begleitet. Einige Takte mit einem witzigen Text über eine meiner Schrullen. Ich bin jedes Mal gerührt über diese Hommage an die Freundschaft. Schaue ich meinen Freund an, sehe ich mich – älter werdend. Fast habe ich ein wenig den Eindruck, dass wir uns auch äußerlich mehr und mehr angleichen: weniger Haare, Altersflecken, faltiger Hals und, wenn wir uns nicht rasieren, weiße Bartstoppeln.

D. und ich wiederum kennen uns seit Studenten- und Wohngemeinschaftszeiten. Wir waren sogar einmal mit derselben Frau liiert – nacheinander, wohlgemerkt. Mit D. kann ich auch streiten; wir sagen uns, was uns am anderen nicht passt. Ganz klar, zu ihm habe ich die emotionalste Beziehung von meinen Freunden. Gerade, weil wir immer wieder einmal aneinandergeraten, liegt es mir am Herzen, im Umgang mit D. achtsam zu bleiben. Freundschaften werden im Alter kostbarer, man sollte sie nicht leichtfertig aufs Spiel setzen.

S., der dritte im Bunde, ist zehn Jahre jünger als ich und spielt ein bisschen die Rolle meines «alter ego». Wenn er mir von seinen amourösen Geschichten erzählt, sehe ich mich aus der zeitlichen Distanz von zehn Jahren und muss je nachdem schmunzeln oder die Stirne runzeln über so viel jugendliche Unbekümmertheit. Auch mit ihm kann ich über alles reden und komme so mir und ihm nahe.

N., der vor sechs Jahren gestorben ist, kannte ich schon viele Jahre, ohne dass ich ihn als engen Freund hätte bezeichnen können. Er war in den 1990er-Jahren nach Frankreich ausgewandert, wir sahen uns, wenn er in die Schweiz kam, oder die wenigen Male, wenn ich ihn in T. besuchte. Freunde wurden wir erst bei meinem letzten Besuch. Wir hatten vorher noch nie so viel Zeit am Stück miteinander verbracht, und das Zusammensein brachte uns einander näher. Ich kehrte in die Schweiz zurück mit dem schönen Gefühl, im fortgeschrittenen Alter noch einen neuen Freund gewonnen zu haben. Kurz danach ist N. an Krebs erkrankt und bald darauf gestorben. Das hat mich sehr getroffen; kaum gewonnen, so zerronnen. N's Urne wurde im Friedhof Sihlfeld in Zürich beigesetzt. Ich besuche N. regelmäßig am Gemeinschaftsgrab, und wir halten stets einen kleinen Schwatz!

Schließlich gibt es ein paar weitere Männer in meinem Leben, mit denen ich mich sporadisch treffe. Unserer Vertrautheit tut dies keinen Abbruch. Die vielen Jahre, in denen wir uns kennen, bilden eine solide Brücke, auf der Mann sich immer wieder begegnen kann.

Liebesneurosen

Ich habe mal spaßeshalber zu einem Freund gesagt: «Ich kann zwei Dinge in meinem Leben gut: Frauen glücklich machen und Frauen unglücklich machen.» Wir lachten damals, aber der Scherz war nur ein halber. Die Frauen in meinem Leben haben immer zwei Seiten von mir kennengelernt – große Gefühlswärme und Nähe einerseits, abrupte Abgrenzung und Kälte andererseits. Tragisch war, dass meine emotionalen Rückzüge für mich ebenso unbegreiflich waren wie für meine jeweiligen Partnerinnen. Ich wollte so wenig wie sie, dass sich meine Liebesgefühle verflüchtigten. Aber das taten sie regelmäßig, wenn die Abstände zwischen den Treffen länger dauerten als ein paar Tage. Irgendwann habe ich dann realisiert, dass mein Verhalten mit meinem Geburtstrauma, dem Tod meines Vaters und der Bindungsunsicherheit zu meiner Mutter, zu tun haben könnte. Geholfen hat das wenig.

Meine ekstatischen Liebesbeteuerungen, wenn ich mit einer meiner Freundinnen im Bett lag, kamen aus tiefstem Herzen. Stunden später hätte mich meine Bettpartnerin nicht mehr fragen dürfen, ob ich sie liebe. Das war sogar in Beziehungen so, die mehrere Jahre dauerten: im Bett das Paradies, außerhalb die Abgründe. Viel später in meinem Leben hat mich eine gute Freundin dahingehend zu beruhigen versucht, als sie mir versicherte: «Das sind deine Hormone. Wenn du Liebe machst, schießen sie ein und danach bauen sie sich wieder ab.» Wenn es also nur meine Biologie war, die mich gesteuert hat, hätte ich mir all die Schuld- und Schamgefühle ersparen können.

Aber es war nicht allein meine Libido, welche die Beziehungen in diesen Jahren so schwierig und konflikthaft machte. Ich fühlte mich schuldig, weil ich meine Gefühlsschwankungen vor meinen Freundinnen zu verbergen suchte. Aus Angst, sie würden mir, wenn sie davon wüssten, den Laufpass geben. Ich habe lange versucht, diese Ambivalenz in der Liebe loszuwerden. Während meiner Beziehung zu U. meditierte ich nur deshalb, weil ich damit wieder «in die Liebe» zu kommen hoffte. Funktioniert hat diese funktionale Meditation natürlich nicht. Vielleicht hätte ich damals Thaddeus Golas lesen sollen, der Menschen, die plötzlich aus der Liebe fallen, den Rat gab, nicht zu überreagieren: «Wenn du (...) weißt, dass die gesunkene Stimmung ebenso leicht vorübergehen kann, wie sie gekommen ist, dann ist es weniger wahrscheinlich, dass du deswegen große Entscheidungen fällst und dich in Auseinandersetzungen einlässt. Du entspannst dein Bewusstsein und beobachtest, wie alles vorübergeht.» [4]

Everybody hurts

Don't let yourself go
'Cause everybody cries
And everybody hurts sometimes

Sometimes everything is wrong
Now it's time to sing along
When your day is night alone (hold on, hold on)
If you feel like letting go (hold on)
If you think you've had too much
Of this life, well hang on

'Cause everybody hurts
Take comfort in your friends
Everybody hurts
Don't throw your hand, oh no

(R.E.M)

[4] Thaddeus Golas, Der Erleuchtung ist es egal, wie du sie erlangst, S. 29

Streiten und versöhnen

Eine Berufskollegin, die sich nicht scheute, Meinungsverschiedenheiten anzusprechen und Konflikte auszutragen, hat mir einmal gesagt, ich sei harmoniesüchtig. Ich hatte ihr zuvor zu verstehen gegeben, dass ich ihren streitbaren Charakter nicht mehr aushalte und deshalb den Kontakt zu ihr beenden wolle. B. hat damals richtig erkannt: Ich streite nicht gerne. Meine langjährige Freundin U. hingegen lief erst im Streit zur Höchstform auf. Streiten war für U. das Vehikel, um (wieder) Nähe zu schaffen. Wenn wir uns heftig gestritten hatten, überkam sie die Lust, sich im Bett mit mir zu versöhnen. Das kam für mich, beleidigt wie ich war, nicht infrage, und ich zog – im wahrsten Sinne des Wortes – den Schwanz ein. Ich denke, meine defensive Haltung hat in meinen Beziehungen immer wieder verhindert, dass Tiefe entstehen konnte. Dabei hatten meine Mutter und ich zu Hause eine ausgesprochene Streitkultur. Von meiner Pubertät an stritten wir uns praktisch jeden Tag heftig. Das Rüstzeug zum Streiten wäre also da gewesen. Nur erlebte ich die Auseinandersetzungen mit meiner Mutter als derart destruktiv und mich schwächend, dass ich Konfliktsituationen seither, wenn es irgendwie geht, vermeide.

Dafür liegt mir das Vermitteln zwischen Konfliktparteien. Mit fünfzig machte ich eine Mediationsausbildung. Ich habe zwar nie als Mediator gearbeitet, aber in den vielen Gruppen und Vereinen, in denen ich aktiv war, immer wieder für Ausgleich und tragbare Kompromisse gesorgt. Es stimmt: Wenn ich irgendwo Frieden stiften kann, bin ich glücklich. Versöhnungsszenen in Filmen rühren mich, weichen meine eigenen Verhärtungen auf. Einzig bei meinem langjährigen Freund D. versagt mein Harmoniebedürfnis. Mit ihm streite ich mich, wie schon erwähnt, immer wieder einmal. Wir versöhnen uns danach jedoch meist schnell. Dass unsere Freundschaft diese Belastung aushält, macht mich glücklich, und ich bin dankbar, D. als Freund zu haben.

Lieben, was man tut

Wozu bin ich berufen? Diese Frage hat mich schon früh umgetrieben. Der Beruf, den ich einmal ausüben sollte, hatte eine Art Liebesbeziehung zu sein. Darunter würde ich es nicht machen, das wusste ich schon nach Abschluss der obligatorischen Schulzeit. Zum Journalismus kam ich dann in der Tat über eine Liebesbeziehung – jene zu meinem Deutschlehrer, den ich sehr gut mochte, weil ich bei ihm das Gefühl hatte, wir verkehrten auf Augenhöhe miteinander. Nach der Matura vermittelte mir Max (er war der einzige Lehrer, der uns 18-, 19-Jährigen das Du antrug) ein Volontariat bei einer Regionalzeitung. Dieses Gefühl von Stolz und Selbstbewusstsein – ich kann es auch heute noch sofort abrufen. Der Journalismus war Liebe auf den ersten Blick. Ich bin dem Schreiben bis heute treu geblieben, aus den Artikeln sind Bücher geworden.

Zu einer anderen Berufung, zum Unterrichten, kam ich viele Jahre später. Ich hatte nie erwogen, den Lehrberuf zu ergreifen. Zu negativ waren meine eigenen Erfahrungen mit der Schule und pädagogisch-didaktisch ungeeigneten Lehrpersonen. Auch das Studium hatte an meiner Einstellung nichts geändert. Ich war 49, als mich eine gute Freundin anfragte, ob ich ihren Lernenden an einer Pflegefachschule etwas über meinen Job als Journalist erzählen wollte. Ich entgegnete ihr: «Unmöglich, ich kann mich nicht vor eine Klasse hinstellen und spontan auf Fragen reagieren.» Im Nachhinein bin ich froh, dass meine Freundin nicht lockergelassen hat. Ich hielt meinen Vortrag, die Lernenden stellten ihre Fragen, und ich wusste die Antworten. Für mich war es ein zukunftsweisendes Aha-Erlebnis. Ich merkte, dass ich gerne unterrichtete. Einige Monate später bot ich Kommunikationskurse für Unternehmen an, nochmals zehn Jahre später stand ich an einer Zürcher Berufsschule erstmals vor jungen Erwachsenen. Unterrichten, Wissen vermitteln, jüngeren Menschen etwas von meiner Lebenserfahrung weitergeben – ich tue es nach wie vor mit Herzblut, spät berufen wie ich bin!

Die große Liebe

Ich bin 32 und L. ist 25, als wir uns kennenlernen. Die Liebe meines Lebens. Fast vierzig Jahre werden wir miteinander unterwegs sein, bis zu L's Tod. Es wird eine Liebe sein, die wir immer wieder transformieren müssen, damit sie in neuer Form erblühen kann. Zu Beginn waren wir ein normales Liebespaar, zogen nach drei Jahren zusammen, richteten uns in unserer Wohnung am Stadtrand von Zürich auf Dauer ein, teilten zahlreiche Vorlieben und Interessen, fuhren gemeinsam in die Ferien, engagierten uns im Quartier. Für Freunde, Freundinnen und Bekannte waren wir ein Vorzeigepaar. Es hat viele Jahre gebraucht, bis ich mir eingestehen konnte, dass unser Zusammensein als Paar nicht die Art von Beziehung war, die mir entsprach. Partner sein überforderte mich, Vater werden erst recht. Darunter litt unsere Sexualität, die ich von meiner Partnerin auf sehr patriarchalische Weise einforderte, in der Überzeugung, dass mir als Mann Sex quasi als Naturrecht zustand. Wir mussten uns trennen, damit ich erkannte, wie lieblos ich mich während so langer Zeit verhalten hatte. Erst nachdem wir die gemeinsame Wohnung aufgegeben hatten, war wieder Liebe möglich, jetzt aber die Liebe zwischen Geschwistern. L. wurde für mich zur Schwester, die ich nie hatte. Wir teilten weiterhin alles, was uns an Gemeinsamkeiten schon vorher verbunden hatte – nur eben ohne Eros. Günter Dux schreibt über die geschwisterliche Liebe: «Dabei muss man sich klarmachen, dass das, was nur mit dem negativen Etikett des Asexuellen versehen ist, in Wirklichkeit eigene Qualitäten der Nähe, Vertrautheit und des geschwisterlichen Verstehens aufweist. Es wäre deshalb besser mit einem positiven Begriff bezeichnet, etwa dem einer ‹geschwisterlichen Intimität›.»[5]

Mit L. lernte ich in den folgenden Jahren, was es bedeutet, in der Liebe zu bleiben. Irgendwann realisierte ich, dass ich die Hintertürchen, welche ich mir zur Flucht stets offen gelassen hatte, nicht mehr benutzen konnte und wollte. Das beglückende Gefühl, für einen Menschen da sein zu dürfen, hatte ich vor L. nicht gekannt. So gesehen, ist meine Lebensgefährtin meine größte Liebeslehrerin

[5] Günter Dux, Geschlecht und Gesellschaft – Warum wir lieben, S. 157

gewesen. In der Liebe war sie kompromisslos. Als wir uns als Paar getrennt hatten und ich mich in meine tantrischen Liebesabenteuer stürzte, hat sich L. in Liebesdingen immer mit meinen jeweiligen Geliebten solidarisiert. Ihre wiederkehrende Frage «Wie kannst du von deiner großen Liebe zu mir sprechen und zur gleichen Zeit deinen Freundinnen so weh tun?», brachte mich in Verlegenheit. In ihrer Liebe zu «allen leidenden Wesen» war sie konsequent und spaltete ihre Liebe nicht wie ich auf. Wenn L. in der Liebe war, liebte sie unterschiedslos alle Menschen, nahe und ganz fremde.

Wenn ich zurückschaue, ist es paradox, dass ich, der von Ehe und Verbindlichkeit nie etwas gehalten und nie geheiratet hat, vierzig Jahre mit dem selben Menschen (wenn auch in verschiedenen Konstellationen) mein Leben geteilt habe. Das jiddische Wort für Schicksal lautet «Bashert» (von: beschert). Spezifisch bezeichnet es einen von Gott vorherbestimmten Seelenverwandten oder Ehepartner bzw. eine vorbestimmte Seelenverwandte, Ehepartnerin. Fromme Jüdinnen und Juden verlassen sich darauf, dass die für sie arrangierten Ehen ihnen den «Basherter» oder die «Basherte» beschert. Eine solche religiös fundierte Sichtweise einer Liebesbeziehung hätte ich, als ich L. kennenlernte, weit von mir gewiesen. Heute weiß ich, dass ich in L. meine Seelenverwandte fand, mit der mich eine tiefe Wesensähnlichkeit verbunden hat. Noch als L. lebte, hatte ich immer wieder das Gefühl, wir seien uns schon in vielen Leben begegnet. In der Beziehung zu ihr musste ich meine Liebe zum ersten Mal in meinem Leben nicht mehr an Bedingungen knüpfen. Ich habe nichts getan, um in diesen Zustand der bedingungslosen Liebe zu kommen, ich habe ihn bewusst nicht einmal gesucht. Diese Form von Liebe wird einem vielleicht nur einmal im Leben geschenkt, und wenn sie sich einstellt, ist man überwältigt und dankbar.

Liebe annehmen können

Wer liebt, weiß auch, dass er geliebt wird. Ich bin mir nicht sicher, ob diese Gleichung für mich stimmt. Würde man mich fragen: «Hast du in deinem Leben geliebt?», fiele mir die Antwort nicht schwer: «Ja.» Auf die Frage: «Hast du die Liebe von anderen annehmen können?», komme ich hingegen ins Grübeln. Als Kind spürte ich, ohne dies benennen zu können, dass mich meine Großmutter innig liebte. Ihre bedingungslose Liebe habe ich ohne Vorbehalte annehmen können. Ich musste mir nie überlegen, ob ich das darf, weil ich ahnte, dass sie mir ihre Liebe niemals entziehen würde. Zu stark waren Enkel und Großmutter in ihrer Symbiose verbunden. Ich kann auch jetzt, mit über 70, diese kindliche, absolute Gewissheit, geliebt zu werden, jederzeit abrufen. Weshalb, so frage ich mich, habe ich mich in meinem späteren Leben so schwergetan, Liebe anzunehmen? An fehlenden Liebesbeweisen hat es nicht gelegen. Ich brauche nur die Liebesbriefe zu lesen, die mir die Frauen in meinem Leben geschrieben haben – und sollte wissen, dass ich geliebt worden bin. Das magische «Ich liebe dich» habe ich immer wieder vernommen – aber habe ich es auch annehmen können? In Momenten, wo ich mich selber liebte, sehr wohl. Vielfach aber nützten alle Liebesbeteuerungen nichts. Wo keine Selbstliebe ist, kann keine Liebe hinfallen. Das habe ich ja mit meiner Lebensbegleiterin schmerzhaft erfahren müssen. Meine Liebe zu ihr hat sie aus ihrer Depression nicht herausreißen können. Aber es stimmt eben auch, dass man die Liebe, die man für jemand anderen empfindet, am deutlichsten als solche erkennt. Die empfangene Liebe ist letztlich immer eine über Signale vermittelte – Worte, Blicke, Berührungen –, die es zu entschlüsseln gilt. Vielleicht ist es also nicht mangelnde Selbstliebe, sondern nur eine «Leseschwäche» meinerseits, die es mir manchmal schwer macht, zu erkennen, dass ich geliebt werde.

Vaterliebe ohne Vater

Ich bin vaterlos aufgewachsen, mein Vater starb kurz nach meiner Geburt, und ich selber bin kinderlos. Was also ist väterliche Liebe? Die meines Vaters kannte ich nicht, und Vater sein wollte ich aus meiner Biografie heraus nicht. Zu sehr erschreckte mich die Vorstellung, ich müsste wie mein Vater kurz nach der Geburt meines Kindes sterben. Ich war Mitte dreißig, als eine Ex-Freundin von mir mich und meine Partnerin zu ihrer Hausgeburt einlud. Die Geburt von W. gehört, wenn ich zurückschaue, zu den stärksten und schönsten Momenten meines Lebens. Und doch reichte die Erfahrung nicht aus, zu einem eigenen Kind Ja sagen zu können. Auch meine Partnerin verwarf aus der Gewissheit heraus, dass ich nicht zum Vater taugte, aber auch aus eigenen traumatischen Erfahrungen in ihrer Kindheit eine Mutterschaft. Und dennoch beschäftigte mich mein unbekannter Vater weiterhin.

In den Erzählungen meiner Mutter war mein Vater eine Art Lichtgestalt: liebevoll, fürsorglich, verantwortungsvoll. Lange Zeit hielt ich dieses Narrativ für eine nicht überprüfbare Idealisierung meiner Mutter. Ein Gespräch mit dem besten Freund meines Vaters, den ich mit vierzig aufsuchte, erwies sich als wenig ergiebig. Die Frage, welche Art Mensch mein Vater gewesen war, ließ mir aber keine Ruhe. Was hatte ich von seinen Genen, und was hatte er mir mitgeben können in den wenigen Wochen, in denen er mich vor seinem plötzlichen Tod in den Armen gehalten hatte? Auf einem der wenigen Fotos, die ich von ihm besitze, schaut mich mein Vater liebevoll an. Mit sechzig wollte ich es noch einmal genauer wissen. In der Personalzeitung des Warenhauses, in welchem mein Vater als Rayonchef gearbeitet hatte, schaltete ich eine Suchanzeige mit dem Text: «Wer hat in den Jahren zwischen 1937 und 1950 im Warenhaus R. gearbeitet und meinen Vater O. Weill gekannt?» Und siehe da, es meldete sich eine 85-jährige Frau, die sich an meinen Vater erinnerte. Sie habe als 15-jährige Ladentochter zu Herrn Weill ins Büro müssen, um sich vorzustellen, erzählte sie mir am Telefon. Zuvor habe sie Angst gehabt, «aber als ich aus dem Büro trat, hatte ich keine Angst mehr». Da wusste und fühlte ich zutiefst, dass mein Vater wirklich ein so liebevoller Mensch war, wie ihn meine Mutter mir immer geschildert hat. Für mich hat dieser eine Satz der ehemaligen Lehrtochter bewirkt, dass ich die Spurensuche nach meinem Vater einstellte. Stattdessen verfüge ich jetzt über einen inneren Liebesbarometer, an welchem ich ablesen kann, ob ich als Sohn ebenso liebevoll durch die Welt gehe, wie er es tat.

Wahltöchter

Vier Jahre nach unserer Trennung als Paar lernte ich U. kennen. Als sie mich zum ersten Mal zu sich nach Hause mitnahm und wir vor der Wohnungstüre standen, drehte sie sich um und offenbarte mir, dass sie zwei Töchter im Alter von acht und elf Jahren habe. Sie gab mir im Sinn einer freundlichen Warnung oder Mahnung zu verstehen: «Uns gibt es nur als Päckli» (Schweizerdeutsch für Päckchen). Ich kann nicht sagen, dass ich von Anfang an väterliche Gefühle für die beiden Mädchen empfand. Sie waren zuerst einmal die Töchter meiner Freundin. Wenn ich sie besuchte, löste ich mit E. und C. die Hausaufgaben oder spielte mit ihnen. «Der Claude» war für sie so etwas wie der Hausfreund. Die väterlichen Gefühle stellten sich erst ein, als U. an Krebs erkrankte und ich mit anderen guten Freunden und Freundinnen von U. sie am Schluss in den Tod begleitete. In der Nacht, als U. starb, war ich anwesend. Das hat die Beziehung zwischen den beiden Mädchen und mir grundlegend verändert. E. und C. wurden zu meinen «Wahltöchtern» und ich zu ihrem «zweiten Papa». Wenn ich mit ihnen zusammen bin, werde ich auch heute noch, da sie längst erwachsen sind, ein bisschen zum Vater, den ich selber nie hatte. Für meine Wahltöchter wünsche ich mir nur das Beste. Ich freue mich, wenn es ihnen gut geht und mache mir Sorgen, wenn sie bedrückt sind. Mittlerweile sind es zunehmend auch sie, die sich um mich sorgen, wenn ich mir in ihren Augen zu viel zumute. Sie werden dann, so jung sie sind, sehr mütterlich. Das rührt mich jedes Mal.

Großväterliche Liebesgefühle

Kurz vor meinem Pensionsalter fragte mich meine Lebensgefährtin, ob ich Lust hätte, ihr im Malatelier für Kinder im Schulhaus D. zu assistieren. Ja, weshalb nicht, antwortete ich. In der Folge fungierte ich bis zu ihrem Tod sechs Jahre lang als «Co-Malleiter». Das Malen mit den vier- bis neunjährigen Kindern war für mich überaus beglückend. Ich hatte die Tätigkeit gefunden, die ich schon immer hatte ausüben wollen – ohne zu wissen, dass dies mein heimlicher Herzenswunsch war. Durch das Malen mit den Kindern habe ich entdeckt, dass ich, ohne selbst Großvater zu sein, großväterliche Gefühle empfinden kann. Ich habe die Kinder mit ihrer Spontaneität, ihrer Klugheit und ihrem Witz sofort ins Herz geschlossen. Meine Freundin L. würde mich wieder auf die Macht der Hormone hinweisen, dieses Mal nicht aufs Testosteron, sondern auf das Bindungshormon Oxytoxin. Das mag wohl sein, schmälert aber für mich nicht die Erfahrung, auch diese Facette der Liebe kennengelernt haben zu dürfen.

Tantrische Liebe

Die wilden Jahre: bei mir nicht mit zwanzig oder dreißig, sondern Mitte vierzig, nach dem Tod meiner Mutter und der räumlichen Trennung von meiner Lebenspartnerin. Erst jetzt werden Energien in mir freigesetzt, die lange gebunden waren. Ich mache mich auf, auszuloten, wer ich wirklich bin, was an Potenzial in mir steckt, was das Leben mir noch zu bieten hat. Ich suche nach Grenzerfahrungen, springe (per Tandem) mit dem Fallschirm ab, gehe über glühende Kohlen, begebe mich in den österreichischen Alpen auf Visionssuche, probiere psychedelische Substanzen aus und tauche ein in die Welt der tantrischen Sexualität. U., meine neue Partnerin, hat soeben ihr Tantra-Jahrestraining bei P. S. und D.C. beendet. In den Jahren, in denen wir als Paar unterwegs sind, begleite ich sie immer wieder an Tantra-Seminare, gemeinsam besuchen wir einen Paarkurs, wo wir in die «stille Liebe» eingeweiht werden. Ich genieße die neuen, intensiven Liebeserfahrungen, entdecke die Sexualität als

Tor zu spirituellen Räumen. Die Beziehungskonflikte mit U. werden aber nicht weniger. Ich muss die schmerzhafte Erfahrung machen, dass wahr ist, was unser Tantralehrer in der Männergruppe einmal gesagt hat: «Phallus klebt nicht allus.» U. und ich sind im Temperament zu verschieden; ihre Lust an der Auseinandersetzung und meine Vermeidungsangst bei Konflikten passen nicht zusammen. Wir trennen uns als Paar, bleiben jedoch befreundet. Der tantrischen Sexualität entsage ich nicht, im Gegenteil: Ausgerüstet mit den sexuellen Grundkenntnissen des Neo-Tantra lerne ich auf einschlägigen Websites Frauen kennen, die offen sind für sinnliche Massagen und Slow-Sex.

Nicht alle meine tantrischen Partnerinnen können meine spirituelle Selbstverliebtheit goutieren. «Du meinst ja gar nicht mich», muss ich mir mehr als einmal anhören. Meine Gespielinnen warfen mir nicht vor, dass ich beim Lieben an eine andere Frau dachte, sondern in transpersonale Räume abdriftete und sie als Vehikel missbrauchte, dorthin zu gelangen. Wenn sich aber für beide von uns die Grenzen unseres Ichs in der Liebe auflösten, dann vereinigten sich durch uns hindurch tatsächlich die männliche und die weibliche Urkraft von Shiva und Shakti, und die Sexualität nahm göttliche Züge an.

Ich bin auch heute noch ein Berührungs-Junkie, umarme gerne Menschen – nicht alle – aber mir nahe. In den letzten Jahren habe ich die neue Erfahrung machen dürfen, dass intensive Berührung in einen ekstatischen Zustand von absichtsloser Liebe führen kann. In den Berühr-Workshops von A.M. lassen sich Männer und Frauen während acht Stunden in wechselnden Konstellationen aufs Berühren und Berührtwerden ein. Die dabei gemachten Erfahrungen von Nähe können so intensiv sein wie bei einer sexuellen Vereinigung. Nur, dass die Liebe nicht auf einen Menschen allein gerichtet ist, sondern auf alle im Raum.

Den magischen Moment festhalten wollen

Diese magischen Momente der Liebe: Ein Freund stellt mir in einer Zürcher Diskothek eine Bekannte vor. Die Bässe sind derart laut eingestellt, dass wir uns nur per Augenkontakt begrüßen können. U. funkelt mich an, und ich weiß hundertprozentig, dass wir eine Liebesbeziehung haben werden. Oder Jahre später: Bei der Vorbereitung fürs Feuerlaufen machen wir im Seminarraum in der Gruppe Vertrauensübungen und sollen drei Personen (die wir nicht kennen) umarmen. Als ich P. umarme, ist sonnenklar, dass sich unsere Körper kennenlernen möchten. In einem Tantra-Workshop wiederum gebe ich mich ganz der Massage einer Teilnehmerin hin. Als ich die Augen wieder öffne und meine Masseurin anblicke, liebe ich sie bedingungslos.

Die magischen Momente, man möchte sie festhalten – mehr noch, wir sind davon überzeugt, dass sie andauern werden. Dass hier eine dauerhafte Liebe beginnt, dass die Nähe, welche ich in diesem Moment spüre, eine bleibende ist. Das passiert, aber eher selten, wie wir alle wissen. Wenn zum Augenkontakt die Worte hinzukommen und damit die Missverständnisse; wenn nicht nur die Körper miteinander Kontakt aufnehmen, sondern die Personen, welche zu diesen Körpern gehören – dann schlägt die Stunde der Wahrheit. Der Volksmund spricht abwertend von «Strohfeuer», wenn ein Liebesgefühl nur kurz und heftig auflodert. Ein magischer Moment der Liebe ist aber mehr als ein Strohfeuer. Wenn er eintritt, ist man ohne Wenn und Aber in der Liebe. So gesehen, könnte man die Liebe als eine Folge magischer Momente betrachten, die man niemals festhalten kann.

Göttliche Liebe

Die Mystiker und Mystikerinnen aller drei großen monotheistischen Religionen haben sie besungen und gepriesen: die Liebe zu Gott und zum göttlichen Anteil in sich selbst. So etwa der persische Sufi-Mystiker und Dichter Rumi oder das Hohelied Salomons im Alten Testament oder aber die christliche Mystikerin Teresa von Ávila. Ich habe diese Verzückung, dieses Aufgehen im Göttlichen einmal an einem Tantra-Seminar kennengelernt. Wir wirbelten zum Drehtanz der Sufi um unsere eigene Achse, und der Sänger wiederholte unentwegt die Silben Al-lah, Al-lah, Al-lah. Ohne es zu realisieren, sang ich die für Muslims heiligen Silben mit – und sah mich umgehend in einen glückseligen Zustand versetzt, in welchem Allah und meine Person eins wurden. Ich war in der Liebe gelandet, und Allah hatte mir die Türe dazu aufgestoßen. Ich bin danach nicht zum Islam konvertiert, aber ich weiß jetzt, wovon die Mystiker im Islam, Judentum und Christentum sprechen, wenn sie die Vereinigung mit Gott lobpreisen. Und vielleicht gibt es ja in meiner jüdischen Ahnenreihe chassidische Juden, die genau dies praktiziert haben.

Hine Ani

Hineh ani kuli shelcha
Aseh bi kirtzoncha
Bati rek ani nichn'a
Libi natun lechasdecha
Gam im hakol yishalel mimeni
Betochi kolcha eshm'a
Min hake'ev hu yarimeni
Yemaleh libi behashra'a

Here I am, completely yours
Do as you will with me
I've come empty, I surrender
My heart is at your mercy
Even if everything is taken away
from me
Within me, I will hear your voice
From the pain, it will resurrect
me
And fill me with inspiration

(Nessi Gomes)

Liebe auf MDMA

Die Liebesgefühle, welche sich einstellten, als ich in einer Gruppe Gleichgesinnter zum ersten Mal die herzöffnende Substanz MDMA (3,4-Methylendioxy-N-methylamphetamin) einnahm, kann ich mit Worten nicht hinreichend beschreiben. Der Raum um mich herum pulsierte in weißem Licht, das Gefühl von Liebe und Verbundenheit zu allen und allem war überwältigend. Alles Denken hörte auf, kein Bewerten mehr, kein Unterscheiden in den dualen Kategorien von Richtig oder Falsch, Gut oder Böse war mehr möglich. Ich war in der bedingungslosen Liebe angekommen.

Einverstanden sein mit dem, was ist. Du kannst unter dem Einfluss von MDMA nicht «nicht einverstanden» sein. Die Liebe erfasst unterschiedslos alles, was im Außen und vor deinem inneren Auge auftaucht. Auf einem Trip mit MDMA habe ich einmal die Diktatoren dieser Welt vorbeiziehen sehen. Es war mir unmöglich, sie anders als voller Liebe zu betrachten! Auch meine eigenen Schattenseiten und alles Schwierige in meinem Leben kann ich unter MDMA liebevoll annehmen. Nichts muss abgespalten werden, alles darf sein. Derart bedingungslos zu lieben ist eine tiefe mystische Erfahrung, welche dem, der sie macht, zeigt, dass wir alle in der Liebe gründen (auch wenn das in der Welt, in der wir leben, schwer zu glauben ist).

Verliebt man sich allerdings unter dem Einfluss von MDMA – und das ist mir auf meinen Trips mehr als einmal passiert – sollte man nicht darauf bauen, dass die Verliebtheit andauert. Klingt die Wirkung der Substanz ab, verklingen die starken Liebesgefühle rasch. Wir Menschen sind offenbar nicht gemacht, unser irdisches Dasein in ewiger Liebe zu verbringen, außer – wenn man der Überlieferung glauben will – die wenigen Erleuchteten in der Geschichte.

In der Liebe sein mit MDMA ist jedoch ein derart schönes Erlebnis, dass man es gerne wiederholt. Einfach nicht zu oft, weil chronischer Konsum von MDMA möglicherweise das Serotoninsystem im Gehirn schädigen kann. Aber die Erfahrung gemacht zu haben, dass es in einem bestimmten Bewusstseinszustand möglich ist, vorbehaltlos zu lieben, lässt den Blick auf die Welt und die Menschen in ihr auch im Alltag vielleicht etwas liebevoller werden.

Lieblosigkeit

Manchmal erschrecke ich, wie lieblos ich trotz MDMA-Herzöffnungen sein kann. Nicht nur in meinen verflossenen Liebesbeziehungen. Auch im Alltag verhalte ich mich oftmals wenig liebevoll. Da ein abwertender Blick, dort eine sarkastische Bemerkung aus meinem Mund; von den vielen negativen Gedanken über Menschen, die eine andere Meinung oder andere Interessen haben als ich, gar nicht zu reden. Es passiert so schnell, dass ich es meist erst im Nachhinein merke. Bewerten, abwerten, urteilen, verurteilen: Ich gebe es ungern zu, aber ich tue es andauernd. Gerade in diesen Zeiten der Polarisierung in fast allen Lebensbereichen hat es meine Lieblosigkeit leicht, ein Objekt zu finden. Jemand, der politisch andere Ansichten vertritt, kulturell anders tickt. Und ich bewege mich nicht einmal in den Kanälen von Social Media, kann also die Schuld für meine menschenfeindlichen Impulse nicht anonymen Algorithmen zuschieben, welche polarisierende Meinungsäußerungen im Netz favorisieren.

Was mir jedoch seit einiger Zeit auffällt: Kaum habe ich etwas Negatives gedacht, gesagt oder getan, fühle ich mich schlecht. Meine Atmung wird eng und flach, ein schweres Gewicht drückt auf meinen Brustkorb. Es sind die abwertenden Gedanken, Sätze und Blicke, die auf mich zurückfallen. Mein Körper signalisiert mir, dass ihm meine Lieblosigkeit zusetzt und ich gut daran täte, liebevoller zu mir und den anderen zu sein. Leider funktioniert diese körpereigene Abwehr von schlechten Gedanken nicht immer und überall. Manchmal wünsche ich mir, die «Störenfriede» in meinem Leben möchten sich einfach in Luft auflösen. Ich erschrecke bei solchen Gedanken zutiefst. Wo bleibt mein Mitgefühl, wo meine Nächstenliebe? Ich kann dann nachvollziehen, wie einfach es ist, unter bestimmten politischen Rahmenbedingungen ganze Bevölkerungsgruppen zu diffamieren, auszugrenzen und – immer wieder in der Geschichte – der Vernichtung preiszugeben. Der Weg von Mitgefühl, Empathie und Liebe zu Gleichgültigkeit, Überdruss, Hass und Vernichtungswille ist oftmals kurz.

Gewaltfreie Kommunikation

Früher half mir, wenn ich mit jemandem uneins war, die Überzeugung, ich sei im Recht. Aber «im Recht sein» macht nicht glücklich. Und man trägt einen Groll mit sich herum, der einen mitunter bitter werden lässt. Ich kann mich erinnern, dass ich während vielen Jahren mit dem IT-Verantwortlichen in unserer Bürogemeinschaft im Clinch lag. Ich hatte, wenn ich mit einem Problem an ihn herantrat, jeweils das Gefühl, ich wäre ein vollkommener Depp. Dass ich E. nicht mochte, liegt auf der Hand. Eines Tages besuchte ich einen Workshop über gewaltfreie Kommunikation nach Marshall B. Rosenberg. Wir machten eine Übung, die uns zeigen sollte, was unserem Ärger über eine Person oder Situation jeweils zugrunde liegt. Es sind unsere nicht befriedigten Bedürfnisse nach Anerkennung und Wertschätzung. Ich erkannte, dass nicht nur ich gegenüber E. darin zu kurz kam, sondern auch er selbst, der – wie ich schon lange wusste – einen Job ausübte, der ihm keine Freude bereitete. Plötzlich hatte ich Mitgefühl mit ihm. Freunde wurden wir nie, aber wir grüßten uns wieder und tauschten ein paar Worte aus. Was IT-Fragen angeht, wurde ich zunehmend selbstständig, und dadurch gab es auch weniger Reibungsflächen.

Versöhnung im Traum

Eine andere, für mein weiteres Leben wichtige Versöhnung wurde durch einen Traum angestoßen. Da ich als Bub meiner Mutter oft nicht gehorchte und sie als Alleinerziehende mit mir überfordert war, drohte sie mir regelmäßig, sie würde meinem Onkel erzählen, was ich wieder angestellt hatte. Er würde mich dann ins Erziehungsheim stecken. Davor hatte ich schreckliche Angst, die sich noch steigerte, wenn meine Mutter mich beim Onkel wirklich anschwärzte und er mir seinerseits das Erziehungsheim androhte. Dieses Damoklesschwert hing die ganze Kindheit über mir.

Noch vor meiner Volljährigkeit brach ich die Verbindung zu meinem Onkel ab und sah ihn nur noch einmal, bei der Beerdigung meiner Mutter. Gut getan hat mir das im Rückblick nicht. Irgendwie spürte ich, dass ich eine Chance vertan hatte, zu einem Ersatzvater zu kommen. Mein Onkel hatte durchaus auch liebenswerte Züge, war generös, lebens- und berufserfahren und hätte mir einiges beibringen können.

Viele Jahre später, ich muss über vierzig gewesen sein, träumte ich eines Nachts, dass mir mein Onkel entgegenkommt. Er ist kleiner und schmächtiger, als ich ihn in Erinnerung habe, und spricht zu mir: «Claude, ich fühle mich so allein.» Da nehme ich ihn bei der Hand, und wir gehen ein paar Schritte zusammen. Als ich am nächsten Morgen aufwachte, hatte ich mit meinem Onkel Frieden geschlossen. Kurz danach lernte ich neue Freunde kennen, von denen einige mich bis heute begleiten.

Historische Versöhnung

Wie aus Ablehnung Zuneigung entstehen kann, erlebte ich vor einigen Jahren an einem Seminar zu Holotropem Atmen. Das Holotrope Atmen ist eine Atemtechnik, mittels derer tiefe seelische Prozesse ausgelöst werden. Man macht dabei wichtige Erkenntnisse über sich selbst und andere, es kommt zu spirituellen und mystischen Grenzerfahrungen der Verbundenheit mit Ahnen, der Natur, dem Numinosen und Göttlichen. Gleich zu Beginn des Seminars, an welchem ich der einzige Schweizer unter allen Deutschen war, fiel mir ein Teilnehmer negativ auf. Er wirkte auf mich gefühlskalt, blockiert und unausstehlich dominant gegenüber seiner Freundin. Die ganzen fünf Tage während des Seminars sprachen wir kein Wort miteinander. Am zweitletzten Tag war ich mitten in einem Atemprozess, als vertraute Klänge an mein Ohr drangen. Der Kursleiter hatte ein Musikstück der jüdischen Sängerin Orna Ralston aufgelegt, in welchem sie ein hebräisches Gebet sang, das mir von meiner Kindheit her vertraut war. In einer Art spontaner Erleuchtung erkannte ich, dass ich zu meinen jüdischen Wurzeln stehen muss, wenn ich in meine volle Kraft kommen will. In der Schlussrunde am letzten Tag teilte ich diese Erfahrung mit den anderen Teilnehmenden. Da meldete sich jener Kursteilnehmer, der mir zu Beginn so unsympathisch gewesen war. Er wolle sich bei mir für mein mutiges Coming-out bedanken. Er komme aus einer Nazi-Familie und habe sich sein ganzes Leben geschämt, zu seiner Herkunft zu stehen. Wir standen beide gleichzeitig auf, gingen aufeinander zu und umarmten uns wortlos.

Die Liebe in den Zeiten von Corona

Wenn ich im Nachhinein der zwei volle Jahre grassierenden Corona-Pandemie etwas abgewinnen kann, dann am ehesten, dass sie uns unerbittlich vorgeführt hat, wie es um unsere Liebesfähigkeit steht. Nicht, dass ich mir das gewünscht hätte. Ich empfand es als äußerst anstrengend, mit meinem Mitgefühl, meiner Empathie und Zuneigung unentwegt auf den Prüfstand gestellt zu werden. Aber ein Virus gibt sich bekanntlich nicht mit dem Körper zufrieden, den es heimsucht. Bei uns allen, nicht nur jenen, die an Covid erkrankten, nistete es sich in den Köpfen und Herzen ein und trieb dort sein Unwesen, beziehungsweise gaben wir ihm unsere Erlaubnis dazu, weil wir von Angst und Wut getrieben wurden.

Das sind keine originellen Erkenntnisse, ich weiß. Aber ohne Reflexion darüber, welch große Macht ein Kleinstlebewesen über unser Seelenleben ausüben kann, ist Liebe in Zeiten von Corona fast unmöglich. Und zwar deshalb, weil einem eine Pandemie wie Corona laufend Situationen beschert, in denen negative Reaktionsmuster wie von selbst ablaufen. Finde ich jetzt F., der sich über Nacht zum Hard-Core-Impfbefürworter gewandelt hat, wirklich nur noch stur und unsympathisch? Schreibe ich ihn innerlich ab und begrabe eine zwanzigjährige Freundschaft in Groll und Bitternis? Darf ich jetzt all jene verachten, die mehr Angst vor dem Virus haben als ich, der «bloß» Angst hat, in einer totalitären Gesundheitsdiktatur aufzuwachen? Will ich meine Lieblingsbäckerei, wo ich mir seit Jahren mein Holzofenbrot kaufe, boykottieren – nur, weil mich die Verkäuferin gemahnt hat, die Maske über die Nase hinaufzuziehen? Lasse ich es zu, dass sich mein Blick so verengt, dass ich Menschen auf ihre Einstellung zu einem Virus reduziere? Erschreckend ist, dass dieses Polarisieren, Kategorisieren, Bewerten und Abwerten blitzschnell erfolgte, fast so schnell (oder schneller), wie sich das Virus verbreitet. Meinen Entscheid, mich als wahrscheinlich einer der Letzten in meiner Altersgruppe doch noch impfen zu lassen, habe ich am Schluss nicht gefällt, weil ich glaubte, mein Körper könne sich nicht anders gegen das Virus wehren. Ich habe es vor allem getan, weil ich Frieden schließen wollte mit den Menschen um mich herum und – mehr noch – mit mir selber. So musste ich nicht mehr polarisieren, kategorisieren und abwerten. Ich realisierte, wie anstrengend das für mich war – und wie lieblos ich mich oft Menschen gegenüber verhielt, die eine andere Einstellung gegenüber den Maßnahmen zur Bekämpfung der Pandemie hatten als ich. Letztlich geht es darum, nicht um jeden Preis recht haben zu müssen. Das fällt mir – ich gebe es zu – ziemlich schwer. Wieder mehr im Kontakt zu sein mit meinen freundlichen Seiten und jenen der anderen hat das Aufgeben meiner Fundamentalopposition in Sachen Impfen aber aufgewogen. Wenigstens für eine gewisse Zeit, bis dann alles wieder ganz anders aussieht.

Mitgefühl

Die ältere Schwester meiner Mutter wurde mit ihrer ganzen Familie von den Nazis ermordet. In meiner Kindheit in den 1950er-Jahren waren diese für meine Verwandtschaft traumatischen Ereignisse noch allgegenwärtig. Ich erinnere mich – ich muss damals sieben, acht Jahre alt gewesen sein –, wie meine Mutter am Telefon versuchte, ihre Mutter zu beruhigen – 15 Jahre nach den tragischen Ereignissen! Meine Großmutter hat die Ermordung ihrer Tochter nie verwunden. Meine Mutter hingegen zog über die Deutschen her und haderte mit Gott, der dies alles zugelassen hatte. Und ich? Da wurde um Menschen getrauert, die ich nicht gekannt und zu denen ich keine emotionale Beziehung hatte. Ich war ein Kind und wollte leben, keine Geschichten über verstorbene Verwandte hören. Erst viele Jahre später habe ich mich dann doch auf Spurensuche begeben. Zuerst mehr aus fachlichem Interesse als Historiker, der ich schließlich bin. Ich stieß auf ein Buch, das ein deutscher Lokalhistoriker über die Juden jener Region verfasst hatte, wo meine Verwandten gelebt hatten. Erst als ich Fotos der Gestapo in Händen hielt, welche die Deportation der Juden von K. zum Verladebahnhof ins Vernichtungslager zeigten – darauf gut erkennbar meine Tante, mein Onkel und meine zwei Cousins und die Cousine –, erst dann hat es mir den Atem verschlagen. Ich habe die Forschung nach meinen Ahnen abgebrochen. Erst Jahre später, auf einem LSD-Trip, überkam mich ein tiefes Mitgefühl für meine ermordeten Verwandten. Ich frage mich, weshalb es wohl so lange gedauert hat, bis sich mein Herz für sie geöffnet hat. Vermutlich, weil ich als Kind bereits mit den traumatischen Folgen des Todes meines Vaters genügend zu kämpfen hatte und nicht auch noch den Schmerz meiner Mutter über die Ermordung ihrer Schwester mittragen konnte. Heute fällt es mir leicht, mit Mitgefühl an meine Verwandten zu denken. Sie sind einerseits weit weg, ich habe sie ja nicht gekannt, andererseits haben sie jetzt einen festen Platz in meinem Herzen.

Ohnmächtige Liebe

Ich konnte mir bis zur Erkrankung meiner Lebensgefährtin nicht vorstellen, wie es sich anfühlt, wenn man hilflos zuschauen muss, wie ein geliebter Mensch leidet. Das passiert jeden Tag tausendfach auf der Welt durch Krankheit, Suchtverhalten, Unfälle, Kriege oder Hunger. Insofern gehört die depressive Erkrankung meiner Lebensbegleiterin lediglich zum «normalen Unglück», das uns jederzeit und überall ereilen kann. Ihr Leid und mein Mitleiden wurden aber, als es uns traf, dadurch nicht geringer. Man liebt einen Menschen, lässt nichts unversucht, um ihn vor Schlimmem zu bewahren, geht sich dabei beinahe selbst verloren – und kann ihn am Schluss trotzdem nicht retten. In den Monaten und Jahren, als ich versuchte, L. von ihrer Depression zu «befreien», ihr Therapien vorschlug, die zu befolgen sie nicht mehr die Kraft hatte, war das vorherrschende Gefühl in mir eine tiefe Frustration. Ganz offensichtlich versagte ich in meiner Rolle als Retter, und mein Ego nahm mir das übel. Erst verzögert ließ ich auch meine Verzweiflung, Ohnmacht und Trauer zu. Mir die eigene Ohnmacht und Hilflosigkeit eingestehen konnte ich lange nicht. Ich liebte L. doch von ganzem Herzen, weshalb nur war meine Liebe nicht stärker als ihre Krankheit! Noch heute, drei Jahre nach ihrem Tod, frage ich mich manchmal, ob ich nicht mehr für sie hätte tun können und müssen. «Dass du sie über alles geliebt hast, reicht doch», beruhige ich mich in solchen Situationen dann selber. Ein Rest von Zweifel bleibt jedoch bestehen.

Liebe über den Tod hinaus

Als L. starb, dachte ich in meinem Kummer, ich würde sie nicht lange überleben. Wir waren so lange miteinander unterwegs gewesen, zuerst in einer fordernden Partnerschaft, dann viele Jahre in einer innigen geschwisterlichen Beziehung. Ich war mir sicher, dass ich ihr bald nachfolgen – an gebrochenem Herzen sterben müsste. L. zu überleben, hieß die Trauer zuzulassen, die schreckliche Vorstellung, ohne sie weiterleben zu müssen – möglicherweise noch für lange Zeit. Das wollte ich auf keinen Fall und muss es jetzt doch. Vielleicht ist L's Tod ja bloß ein schrecklicher Alptraum, aus welchem ich gleich aufwachen werde. Man soll um die Toten trauern, sie aber loslassen und weiterleben. Das besagen die meisten Religionen, und ich denke, sie liegen damit richtig. Zu akzeptieren, dass es einen geliebten Menschen nicht mehr gibt, er nur noch als Erinnerung im Herzen weiterlebt, ist schmerzlich.

Verena Kast schreibt in ihrem Buch *Sich einlassen und loslassen*: «Was miteinander verwachsen ist in einer Beziehung und was auch miteinander gewachsen ist, ist beendet, man muss sich wieder auf die eigenen Wurzeln besinnen, den eigenen Stamm, die eigene Krone, jeder Mensch muss auch für sich selbst sein können.»[6] Leichter gesagt als getan! Was mir Trost spendet, ist die Erkenntnis, dass meine Liebe zu L. nicht schwächer geworden ist. Ich liebe sie ebenso sehr wie zu ihren Lebzeiten. Allerdings kann diese Liebe nicht mehr gelebt und geteilt werden. In guten Momenten sage ich mir: Meine Lebensgefährtin hat lediglich die Dimension gewechselt, und meiner Liebe ist es offenbar egal, wo sie sich aufhält – auf Erden, im Jenseits oder in mir drinnen. So gesehen, aus einer spirituellen Sicht, hat der Tod meiner Lebenspartnerin meiner Liebe zu ihr nichts anhaben können. Meine Dankbarkeit, sie so lange an

---

[6] Verena Kast, Sich einlassen und loslassen, S. 10

meiner Seite gewusst zu haben, ist groß. Und trotzdem ist ihre Abwesenheit manchmal fast nicht auszuhalten.

Auf der Suche nach Atman

«In diesem Ganzen, das jeder von uns ist, neigt das Selbst dazu, in einem Größeren aufzugehen, weil der Mensch danach strebt, sich von seiner Beschränkung zu befreien, von diesem Gefühl, vereinzelt und von der Welt geschieden zu sein. Wie der Fluss, der eine Quelle hat, ein Bett und einen Namen, unaufhaltsam dem Ozean zustrebt, so strebt das Selbst danach, in der Totalität aufzugehen. Das ist sein Wesen. Dieses Selbst und sein ‹göttliches Wesen› zu erkennen: Das ist das wahre Ziel des Menschenlebens.»
(Tiziano Terzani 1938–2004)[7]

Das Sehnen nach einem menschlichen Gegenüber, in meinem Fall einer Frau, die mich gänzlich annimmt, mich vorbehaltlos liebt – Partnerin, Geliebte und Mutter zugleich ist: Diese Sehnsucht begleitet mich bis heute. Auch wenn mir längst bewusst ist, dass ich der größten Illusion erliege, die ein Mann in meinem Alter sich machen kann. Ganz abgesehen davon, dass diese irdische Suche nach der Großen Liebe mit zunehmendem Alter immer anstrengender wird. Eine Stimme in mir behauptet dennoch beharrlich: «Es gibt sie, diese große Göttin, du hast sie bisher nur noch nicht kennengelernt.» In lichten Momenten weiß ich, dass ich mich nur selbst erlösen kann. Wenn jemand mich vorbehaltlos lieben kann, dann ich selber. Auf den personalisierten Gott meiner Kindheit kann ich nicht mehr zählen. Hinter meiner Sehnsucht nach einer allumfassenden Liebe durch einen einzigen Menschen verbirgt sich – das ist mir schon länger klar – ein umfassenderes Verlangen. Ich sehne mich, je älter ich werde, danach, wieder in einem größeren Ganzen aufzugehen, welches unser aller Ursprung ist. Dies zu erkennen nimmt dem Tod einen guten Teil seines Schreckens. Meine Grenzerfahrungen mit psychedelischen Substanzen entpuppen sich in die-

[7] Tiziano Terzani, Noch eine Runde auf dem Karussell, S. 448

sem Lichte als der Versuch, wieder eins zu werden mit meinem Ursprung. Wenn auf dem Trip das Ego stirbt und man transpersonale Räume betritt, bereitet man sich im Grunde genommen darauf vor, die Quelle aller Liebe wiederzufinden.

Das kann man als Todessehnsucht sehen, für die Mystiker und Mystikerinnen aller Zeiten war aber das Streben nach Einheit, «Einssein» mit dem Göttlichen, etwas dem Menschen tief Eigenes. Im Jüdischen gibt es den Begriff der T'schuwa, übersetzt mit «Reue». Nach einer anderen Lesart bedeutet dieses Wort «Rückkehr zum Anfang». Im Chassidismus wird erklärt, dass der Mensch mit einer reinen göttlichen Seele geboren wird und dadurch ein positives Wesen ist. Und nur unter den Umständen des Lebens in dieser groben materiellen Welt mit all ihren Herausforderungen beginne man Fehler zu machen und vom geraden Weg abzukommen. «Deshalb kehrt man, wenn man T'schuwa macht, einfach zu seinem ursprünglichen ‹Positiv-Sein›, auf den geraden Weg, (…) zum eigenen echten Ich zurück.» [8]

Der amerikanische Philosoph Ken Wilber schreibt in seinem Buch *Halbzeit der Evolution*: «Jeder sehnt sich zutiefst nach wahrer Transzendenz, nach Atman-Bewusstsein, nach der Höchsten Ganzheit, fürchtet jedoch mehr als alles andere den Verlust seines separaten Ich, dessen Tod.» [9] Stattdessen sucht der Mensch, so Wilber, symbolische Ersatzlösungen in Geld, Ruhm, Sexualität, Wissen und Macht. «Diesen Versuch, Atman-Bewusstsein auf eine Weise zu gewinnen, die dieses verhindert, nenne ich das Atman-Projekt», so Wilber weiter.[10] Wenn Atman die «unzerstörbare, ewige Essenz des Geistes» (Wikipedia) ist, dann wären Atman-Projekte Vermeidungsversuche der Menschen, mit ihrem «unsterblichen» Anteil in Kontakt zu kommen. In diesen Projekten hat der Tod, das Sterben, das Loslassen unserer materiellen Existenz verständlicherweise keinen Platz bzw. wird bis zum letztmöglichen Augenblick verdrängt. Dadurch vergeben wir uns aber auch die Möglichkeit, bereits zu Lebzeiten etwas von der Qualität dieser «Großen Liebe» zu erfahren. So gesehen, entpuppt sich meine Sehnsucht nach einer Traumfrau, die

[8] Rabbiner Elischa Portnoy in «Jüdische Rundschau» vom 6.9.2018, S. 40
[9] Ken Wilber, Halbzeit der Evolution, S. 28
[10] Ken Wilber, dito, S. 29

mich erlöst, ebenfalls als Atman-Projekt. Ich habe das Projekt noch nicht ganz fallengelassen, aber die Zeit, es zu verwirklichen, läuft mir davon. Soll ich darüber traurig sein oder mich freuen?

An der Liebe scheitern dürfen

Sich der Liebe hingeben, sie aber nicht verklären und verabsolutieren – das ist, wenn man, wie der Autor, immer auch die spirituellen, transpersonalen Aspekte der Liebe erfassen möchte, leichter gesagt als getan. Man kann sich mit der von den großen Religionen, Weisheitslehren und in vielen spirituellen Gruppen postulierten «allumfassenden Liebe» leicht überfordern. Ich erinnere mich an ein Seminar, in welchem die Besucher und Besucherinnen mit MDMA auf die Reise gingen. Ich kannte die meisten Teilnehmenden und auch die Gruppenleitung nicht. In der anschließenden Gesprächsrunde äußerten etliche meiner Mitreisenden, sie seien unzufrieden mit sich, weil sie zu wenig Liebe spürten. An der Reaktion des Leiterteams merkte ich, dass in dieser seit langem existierenden Gruppe ein subtiler Druck da war, allumfassend lieben zu können. Durch die Hintertür hatte sich unbemerkt Leistungsdenken eingeschlichen. Eine ganze Industrie mit einem Milliardenmarkt lebt von unserer Sehnsucht nach der allumfassenden Liebe. Unzählige Bücher, Seminare, Wege und Techniken, in die Liebe zu kommen, in der Liebe die Erleuchtung zu finden, zeugen davon. Unleugbare Tatsache, jedenfalls in meinem Leben, bleibt aber, dass ich immer wieder aus der Liebe herauskatapultiert werde. Das fühlt sich jeweils sehr frustrierend und verstörend an. Ich neige dazu, dieses Herausfallen aus der Liebe als Versagen zu erleben. Was habe ich nur falsch gemacht? Dabei wäre doch gerade die Akzeptanz, an der Liebe scheitern zu dürfen, ein Zeichen liebevoller Zuwendung zu sich selbst.

Das Leben lieben

Sich selbst annehmen können oder nicht, gewinnt aus der Perspektive eines (vorläufigen) Lebensrückblicks noch einmal eine andere, grundsätzlichere Dimension. Immer dann, wenn es um Fragen geht wie: Bin ich zufrieden mit meinem Leben? Bin ich mir etwas (vieles) schuldig geblieben? Was ist aus meinen Träumen und Visionen geworden? Was habe ich davon verwirklichen können? Kann ich meinen Misserfolgen, meinen Niederlagen, meinem Scheitern etwas Positives abgewinnen? In meinem ersten Buch[11] bat ich Menschen nach der Lebensmitte, mir diese und weitere existenzielle Fragen über den Sinn des Lebens zu beantworten. Jetzt stelle ich mir diese Fragen vermehrt selber. Was ich merke: Es macht einen Unterschied, ob ich mich mit diesen Fragen in der Annahme konfrontiere, ich würde noch eine Reihe von Jahren leben – oder eine Lebensbilanz ziehe. Im ersteren Fall gebe ich mir sozusagen die Zeit, um in meinem Leben noch die eine oder andere Veränderung oder «Korrektur» vorzunehmen. Wenn ich die Probe aufs Exempel mache und mich frage, ob ich noch Träume und Visionen habe: Ja, nach 25 Jahren alleine wohnen würde ich gerne meine Wohnform noch einmal verändern, vielleicht in eine Alters-Wohngenossenschaft ziehen. Und klar: dieses Buch zum Abschluss bringen. Einen konstruktiven Beitrag leisten bei der Legalisierung von Psychedelika und Empathogenen. Nochmals eine Liebe leben, auch wenn alles dagegen spricht: sicherlich! Meine Wahltöchter auf ihrem Lebensweg noch ein Stück begleiten, unbedingt. Zeit verbringen mit meinen Freunden und Freundinnen.

Wenn ich nun aber morgen sterben müsste, ohne dies alles verwirklicht zu haben? Es wäre, glaube ich, nicht wirklich schlimm, weil ich auf einer tieferen Ebene zufrieden bin mit dem, was mir das Leben an Geschenken, an Chancen zu persönlichem und spirituellem Wachstum und auch an Herausforderungen, Prüfungen und Schwierigem beschert hat. Wenn es meiner Partnerin früher jeweils gut ging, pflegte sie an allen möglichen Orten ein «Gracias a la vida» anzubringen, ein «Danke an das Leben», nach dem gleichnamigen

[11] Claude Weill, In Glücksmomenten bin ich weder jung noch alt

Lied von Violeta Parra. Ich beobachte mich in der letzten Zeit, dass ich mich ebenfalls oft beim Leben bedanke für das Mysterium, dass ich da sein durfte und es immer noch bin. Gracias a la vida!

Gracias a la vida

Gracias a la vida que me ha dado tanto
Me dio dos luceros, que cuando los abro
Perfecto distingo lo negro del blanco
Y en el alto cielo su fondo estrellado
Y en las multitudes el hombre que yo amo

Gracias a la vida que me ha dado tanto
Me ha dado el oído que en todo su ancho
Graba noche y día, grillos y canarios
Martillos, turbinas, ladridos, chubascos
Y la voz tan tierna de mi bien amado

Gracias a la vida que me ha dado tanto
Me ha dado el sonido y el abecedario
Con él las palabras que pienso y declaro
Madre, amigo, hermano, y luz alumbrando
La ruta del alma del que estoy amando

Gracias a la vida que me ha dado tanto
Me ha dado la marcha de mis pies cansados
Con ellos anduve ciudades y charcos
Playas y desiertos, montañas y llanos
Y la casa tuya, tu calle y tu patio

Gracias a la vida que me ha dado tanto
Me dio el corazón que agita su marco
Cuando miro el fruto del cerebro humano
Cuando miro al bueno tan lejos del malo
Cuando miro al fondo de tus ojos claros
Gracias a la vida que me ha dado tanto

Me ha dado la risa y me ha dado el llanto
Así yo distingo dicha de quebranto
Los dos materiales que forman mi canto
Y el canto de ustedes que es mi mismo canto
Y el canto de todos que es mi propio canto
Gracias a la vida que me ha dado tanto

(Violeta Parra)

Literatur

- Dux, Günter: Geschlecht und Gesellschaft – Warum wir lieben, Springer Fachmedien, Wiesbaden 2018
- Fromm, Erich: Die Kunst des Liebens, Ullstein Taschenbuchverlag, 2005
- Kast, Verena: Sich einlassen und loslassen, Verlag Herder, Freiburg 2001
- Kornfield, Jack: Das weise Herz, Goldmann Arkana, München 2008
- Golas, Thaddeus: Der Erleuchtung ist es egal, wie du sie erlangst, Heinrich Hugendubel Verlag, Kreuzlingen/München 2003
- Meyer-Krentler, Eckhardt: Der Bürger als Freund, Wilhelm Fink Verlag, München 1984
- Portnoy, Elischa: Jüdische Rundschau vom 6.9.2018
- Terzani, Tiziano: Noch eine Runde auf dem Karussell, Knaur Taschenbuch, München 2007
- Weill, Claude: In Glücksmomenten bin ich weder jung noch alt, Edition 8, Zürich 2017
- Wilber, Ken: Halbzeit der Evolution, Fischer Verlag, Frankfurt am Main 1996

Weitere Publikationen von Claude Weill

Claude Weill

In Glücksmomenten bin ich weder jung noch alt

Zwölf Porträts von Menschen nach der Lebensmitte

Paperback, 128 Seiten
1. Auflage März 2017
ISBN: 978-3-85990-308-1
Verlag: edition 8, Zürich

Muss man 80 oder 90 werden, um – im Angesicht des Todes – sein Leben reflektieren zu können? Claude Weill teilt diese Meinung nicht. Bereits mit 55, 60 oder 65 kann ein kritisch-liebevoller Blick aufs eigene Leben helfen zu erkennen, was einem im Leben wirklich wichtig war und weiterhin wichtig sein wird. Der 1950 geborene Autor wollte wissen, wie Menschen, die ihm nahestehen, ihr Älterwerden erleben. Er hat dazu einen Katalog von Fragen über den Sinn des Lebens nach der Lebensmitte zusammengestellt und sie Freunden, Freundinnen und Bekannten vorgelegt.

Fragen, die es in sich haben. Etwa: Bin ich zufrieden mit meinem Leben? Was ist aus meinen Träumen und Visionen geworden? Wie bin ich mit Krisen im Leben umgegangen? Was möchte ich noch in den kommenden Jahren – und habe ich die Ressourcen dazu? Woran merke ich, dass ich älter werde? Wie gehe ich mit dem Älterwerden um? Habe ich mir schon Gedanken über meinen Tod gemacht?

Die ehrlichen und tief gehenden mündlichen oder schriftlichen Antworten der Befragten zeigen, wie höchst unterschiedlich Menschen nach der Lebensmitte mit ihrem Älterwerden umgehen. In ihrer Mannigfaltigkeit machen die Antworten deutlich, dass es keine allgemeingültigen Rezepte für den Umgang mit dem eigenen Älterwerden gibt. Alle Porträtierten jedoch verbindet, dass sie sich bewusst mit ihrem Älterwerden auseinandersetzen.

Claude Weill

Elysium – hin und zurück

Mit Psychedelika unterwegs in der zweiten Lebenshälfte

Kunststoff-Einband, 189 Seiten
1. Auflage Januar 2020
ISBN: 978-3-905752-77-9
Verlag: Edition Spuren, Zürich

Über Jahrzehnte bewusstseinserweiternde Substanzen zu sich nehmen und integriert sein in die Gesellschaft – geht das? Der ehemalige Journalist und Erwachsenenbildner Claude Weill meint Ja. Er hat mit neun Menschen gesprochen, die regelmäßig durch geistige Bereiche reisen, welche ihnen ohne diese Mittel verschlossen blieben. Im Buch erzählen sie ungeschminkt von ihren Erfahrungen mit Psychedelika und Empathogenen.

Aus diesen Selbstzeugnissen entsteht das Bild eines reifen, verantwortungsvollen Umgangs mit Psilocybin, LSD, Ayahuasca, MDMA & Co. Jenseits von Verklärung oder Abhängigkeit leben «LSD-Veteraninnen und -Veteranen» mit der Gewissheit, dass sich die «Pforten der Wahrnehmung» viel weiter öffnen lassen, als wir denken. Interviews mit drei ausgewiesenen Fachleuten der Psychonautik runden die Aussagen der Reisenden ab.